Inhalt

5 gute Gründe, dieses Buch zu lesen oder es zu verschenken

1. Sie wollen Lehrerin werden, wissen aber noch nicht so recht, was es in diesem Beruf dringend zu bedenken gilt? Nach der Lektüre dieses Buches sind Sie für die anstehenden Hürden und Herausforderungen rund um den Schulalltag bestens gerüstet.

2. Sie sind bereits Lehrerin und haben die üblichen Witze über Ihren Berufsstand satt? Dann sollten Sie das Buch nach der Lektüre unbedingt weiterverschenken – und zwar nicht nur an Kolleginnen, sondern auch an alle, mit denen Sie schon immer einmal Klartext reden wollten.

3. Sie sind eine zufriedene Lehrerin, die auch nach mehreren Jahren oder Jahrzehnten in ihrem Beruf noch über sich selbst lachen kann? Dann hätten Sie dieses Buch eigentlich auch selbst schreiben können und wir wünschen Ihnen Vergnügen bei der Lektüre.

4. Sie sind als Lehrerin mit Ihrer Berufswahl gerade alles andere als glücklich? Dann sollten Sie dieses Buch erst recht lesen, denn es wird Ihnen zeigen, wie

Sie die alltäglichen Herausforderungen im Umgang mit Schülern, Kollegen, Eltern und Schulleitung mit Humor ertragen können.

5. Sie sind mit einer Lehrerin verwandt, befreundet oder liiert oder gerade auf dem Wege dahin? Dann lesen Sie dieses Buch als eine Art Packungsbeilage. Sie werden die Wirkungen und Nebenwirkungen des Lehrerinnenberufes, die sich nicht selten in lehrerinnentypischen Verhaltensmustern äußern, dann besser einordnen, verstehen und akzeptieren lernen.

Anmerkung zur geschlechtergerechten Sprachverwendung in diesem Buch:

Liebe kluge Lehrerin, wenn Sie in diesem Buch über Schüler, Partner oder Ärzte lesen, dann ist damit natürlich auch immer die weibliche Form gemeint. Um den für Lehrerinnen typischen Lesefluss nicht zu unterbrechen, haben wir bewusst auf eine gendergerechte Schreibweise mit den Endungen *-in* und *-innen* verzichtet. Als kluge Lehrerin denken Sie sich diese ganz einfach mit!

Daniela Elsner • Anja Wildemann •
Manuel Tiranno (Zeichnungen)

Abc der klugen Lehrerin

Ein satirischer Ratgeber für Frauen mit Berufung

AOL verlag

Impressum

Abc der klugen Lehrerin

Daniela Elsner

Anja Wildemann

Manuel Tiranno

2. Auflage 2017

Veritaskai 3 · 21079 Hamburg
Fon (040) 32 50 83-060 · Fax (040) 32 50 83-050 · info@aol-verlag.de · www.aol-verlag.de

Redaktion: Kristina Poncin
Layout/Satz: Satzpunkt Ursula Ewert GmbH, Bayreuth
Illustrationen: Manuel Tiranno
Coverillustration: Manuel Tiranno

ISBN: 978-3-403-10412-4

Engagiert unterrichten. Natürlich lernen.

AOL verlag

A wie Arbeitszimmer

Als Lehrerin benötigen Sie auf jeden Fall ein Arbeitszimmer. Dies sollte eine Größe von mindestens 12 qm haben (als Grundschullehrerin benötigen Sie etwa 3 qm mehr) und es sollte mit folgendem Grundinventar ausgestattet sein:

1 Schreibtisch 3 × 2 m für möglichst viel Ablage

Für den Fall, dass Ihre Unterrichtsvorbereitung mal wieder bis in den späten Abend reicht oder Ihr Unterricht am Folgetag besonders lustig werden soll, sollten Sie darauf achten, dass der Schreibtisch mit einer kleinen runden Einkerbung für die Kaffee- oder Teetasse beziehungsweise für das Proseccoglas ausgestattet ist. Ebenso empfehlenswert sind Schreibtische mit rundherum hochstehenden Leisten von etwa 5 cm Höhe, die ein Herunterrutschen der Heft- und Bücherstapel für eine Weile aufhalten können.

1 Schreibtischstuhl

Viele Lehrerinnen unterschätzen die Bedeutung eines Schreibtischstuhls. Denken Sie daran, wie viele Stunden Ihres Lebens Sie auf und mit dem Stuhl verbringen.

Betrachten Sie Ihren Schreibtischstuhl nicht als reines Arbeitsinstrument, sondern quasi als Lebenspartner. Überlegen Sie sich deshalb vor der Anschaffung gut, welche Erwartungen er erfüllen soll: 1. gut aussehend, 2. intelligent (passt sich Ihren Bedürfnissen automatisch an), 3. pflegeleicht (→ P wie Partnerwahl).

1 Regalwand 4 m × 2,50 m × 0,90 m,

die Sie am besten multifunktional nutzen. Stellen Sie Ihre Ordner, Fach- und Schulbücher in die vorderste Reihe,

neue Handtaschen, Schuhe und Accessoires kommen in die hintere Reihe und bleiben so von anderen unentdeckt. Wir empfehlen, Frust-, Not- und Spontaneinkäufe wie die fliederfarbene *Clutch* mit Schmetterlingsdruck oder die Slim-Cut-Jeans in Größe 34 in hübschen Boxen zu verstauen. Um sicherzustellen, dass niemand in diese Boxen hineinschaut – auch nicht Sie selbst –, wählen Sie folgende Beschriftungen: „Wichtige Steuerunterlagen", „Altbatterien und leere Toner", „Konferenzprotokolle". Die Boxen, in welche Dinge kommen, die nur Ihr Partner nicht sehen soll, an denen Sie sich aber heimlich erfreuen wollen (zum Beispiel das siebzehnte Paar schwarze Pumps), beschriften Sie mit „Unerledigtes"!!!

Und: Teilen Sie Ihr Arbeitszimmer NIEMALS mit anderen. Warum? Egal, mit wem sie es teilen, er oder sie wird immer ein Störfaktor sein.

Konfliktpunkte mit einem Mann sind: Selbst wenn er nur wenig Raum benötigt, es wird der sein, der Ihnen auf jeden Fall sehr bald fehlen wird. Auch wenn Sie anfänglich kompromissbreit sind, seine orangefarbene Plastikbox sprengt Ihr wohlüberlegtes Designkonzept. Die fehlende Beschriftung auf seiner Box führt über kurz oder lang zu unkontrollierten Suchaktionen in Ihren Boxen.

Konfliktpunkte mit einer Frau sind: Grundsätzlich passen zwei Frauen mit zwei Schreibtischen mit Einkerbungen, zwei Schreibtischstühlen, zwei Regalwänden und diversen Boxen nicht in ein Arbeitszimmer. Ihre Box mit der Aufschrift „Unerledigtes" wird umgehend geöffnet – und umgekehrt ist es natürlich genauso. Gleiche Designkonzepte und Beschriftungen auf den Boxen bringen die

Ordnung sowohl in Ihrem Privat- als auch in Ihrem Berufsleben durcheinander.

Deshalb gilt die Faustregel: Pro Person ein Arbeitszimmer (→ W wie Wohnung).

Tipp: *Da das Arbeitszimmer seit 2010 (vorerst) wieder voll von der Steuer absetzbar ist, brauchen Sie sich um dessen Kosten derzeit keine Sorgen zu machen. Sollte sich das Finanzgesetz mal wieder ändern, können Sie das Zimmer immer noch in eine Bed-and-Breakfast-Gelegenheit umfunktionieren, denn diese ist ebenfalls steuerlich absetzbar, auch wenn man sie nur übers Wochenende oder in den Ferien vermieten kann.*

Achtung! Dazu müssten Sie jedoch möglicherweise zwei Ihrer Boxen freimachen.

B wie Beamtenpension

Die Höhe der Beamtenpension entspricht etwa 72 Prozent Ihrer letzten Bezüge. Damit zählen Sie im Vergleich zu allen anderen Arbeitnehmern ab einem Alter von (zurzeit) 68 Jahren zu den Spitzenverdienern. Die Aussicht auf eine solche Beamtenpension ist der einzig wahre Grund, weshalb dieser Job für Sie erstrebenswert ist.
Es ist übrigens auch der einzige Grund, weshalb Sie für einen potenziellen Partner aus der freien Wirtschaft langfristig attraktiv sind. Ein sorgsamer Umgang mit Körper und Geist ist deshalb dringend erforderlich. Zu den lebenserhaltenden Maßnahmen gehören für Sie unmittelbar nach Dienstantritt:

- Achten Sie auf einen rhythmisierten Tagesablauf, der folgende Eckpunkte umfasst: Schule (in regelmäßigen Abständen durch Ferien zu ersetzen), Mittagsschlaf, Nachmittagsprogramm, Unterrichtsvor- und -nachbereitung, regenerierende Maßnahmen.

- Nutzen Sie die Wochenenden und Ferien für sportliche Aktivitäten. Meiden Sie aber Risikosportarten wie Tiefseetauchen, Fallschirmspringen oder Paragliding. Auch auf den ersten Blick harmlose Sportarten sollten Sie mit Vorsicht betreiben, denn Sie können Ihre volle Beamtenpension vorzeitig in Gefahr bringen. Hier einige Szenarien: Wenn Sie beim Skifahren in Italien von der Piste abkommen, sich in den Bergen verirren und den Weg nach Hause nicht mehr finden, wird Ihre Stelle neu besetzt und Sie verlieren alle Ansprüche. Wenn Sie sich in Ihren Zumbatrainer aus Brasilien verlieben und dieser bei Ihnen einzieht, wird er Ihr Arbeitszimmer früher oder später in ein Tanzstudio umfunktionieren. Sie sind dann nicht mehr voll arbeitsfähig, die zuständige Amtsärztin wird eine Frühpensionierung erwirken, die Sie um den Großteil Ihrer Pensionsbezüge bringt. Wenn Sie beim Ashtanga-Yoga nicht mehr aus der *schlafenden Schildkröte* rauskommen, tragen Sie entweder dauerhafte Schäden davon, die über kurz oder lang ebenfalls eine Frühpensionierung zur Folge haben, oder, im schlimmsten Fall, sind Sie gezwungen, in der schmerzhaften Position zu verharren. Das macht eine Weiterbeschäftigung quasi unmöglich. Das Ausfüllen notwendiger Formulare zur Beantragung der Frühpension gestaltet sich aufgrund der Verknotung Ihrer Extremitäten zudem äußerst schwierig. Sollten Sie es dennoch schaffen: Herzlichen Glückwunsch! Unbedenkliche Betätigungen sind: Radfahren (mit Helm), Walken (mit Stöcken) und physiotherapeutisch betreute Rückengymnastik.

- Achten Sie darauf, dass Sie Ihre Ferien nicht nur für Aktivurlaube nutzen, planen Sie auch regelmäßige Entspannungsphasen, über den Mittagsschlaf hinaus, ein. Lassen Sie sich dafür zu Geburtstagen und Weihnachtsfesten von Freunden, Familie und Kolle-

ginnen Wellnessgutscheine schenken und nehmen Sie regelmäßig an entsprechenden Gewinnspielen in einschlägigen Frauenzeitschriften und Boulevardmagazinen teil. Je nach Bedarf können zum Beispiel Kreuzworträtsel auch einen sinnvollen Teil Ihres Unterrichts bilden (→ V wie Vorbereitung).

- Besonders empfehlenswert sind Besuche bei der Kosmetikerin, Fußpflegerin und Masseurin. Auch wenn Sie jetzt noch frisch aussehen, kann sich dies nach einigen Jahren Schuldienst von heute auf morgen ändern. Sagen Sie beruflich bedingten Alterserscheinungen wie Tränensäcken (nächtliche Unterrichtsvorbereitungen mit zu viel Prosecco), Augenringen (zu frühes Aufstehen), Stirnfalten (zu häufiges Nachdenken) oder Zornesfurchen (Schüler, Schulleitung, Eltern und Kollegen), Hühneraugen (Hofaufsicht) und Verspannungen (schwere Schultasche) rechtzeitig den Kampf an. Warten Sie nicht, bis die Ganztagsschule in allen Bundesländern verpflichtend eingeführt wird – denn bis dahin müssen Sie gestählt sein (→ N wie Nachmittagsprogramm).

Natürlich ist uns bewusst, dass es auch die armen angestellten Lehrkräfte unter Ihnen gibt, die sich trotz großem Engagement keine Hoffnung auf eine Verbeamtung und die entsprechende Pension machen dürfen und unter Umständen von Schuljahr zu Schuljahr um ihren neuen Arbeitsvertrag bangen. In diesem Fall sollten Sie unbedingt anderweitig Vorsorge treffen, vielleicht mit der richtigen Partnerwahl (→ P wie Partnerwahl), dem regelmäßigen Verkauf einiger Ihrer Schuhe bei eBay oder – nachdem Sie dieses Buch hier gelesen haben – mit einer

Nebentätigkeit als Motivationscoach für ausgebrannte Lehrkräfte, die aber noch ein Weilchen durchhalten müssen bis zur Beamtenpension (→ Y wie Yes! I can do it!).

C wie Campingurlaub

Campingurlaub ist nicht unbedingt jedermanns Sache, gehört aber zum Berufsethos einer guten Lehrerin. Erstens müssen Sie im Lehrerzimmer mitreden können. Zweitens wird es auf Dauer für Sie zu kostspielig, Ihre notwendigen Erholungsphasen in teuren Hotels zu verbringen, außer Sie haben dies bei Ihrer Partnerwahl vorab berücksichtigt (→ P wie Partnerwahl).

Generell bietet der Campingurlaub jedoch auch gewisse Vorteile. Er bewahrt Sie davor, Ihre Arbeit mit in den Urlaub zu nehmen, und ermöglicht es Ihnen, die Erholungszeit auch als solche zu nutzen. Fakt ist, Ihr Arbeitszimmer passt nicht in den Wohnwagen oder das Wohnmobil. Bedenken Sie, dass räumliche Erweiterungen in Form von Arbeitsvorzelten steuerlich nicht absetzbar sind. Zu besonderen Regelungen innerhalb der Bundesländer fragen Sie Ihre Steuerberaterin. Ihre Campingerfahrungen können Sie langfristig gewinnbringend für Ihre unterrichtliche Tätigkeit nutzen. Die Heterogenität der Campingurlauber, mit denen Sie mehrere Wochen des Jahres auf engstem Raum verbringen, bietet Ihnen ein optimales Übungsfeld für den pädagogischen

Umgang mit Verschiedenheit in Klassen- und Lehrerzimmer. Wichtige Kompetenzen, die Sie sich hier aneignen können, sind Toleranz, Akzeptanz und Gleichmut. So lernen Sie beispielsweise, durch den Grill Ihrer Nachbarn verursachte Rauchschwaden zu tolerieren, das Duschen mit fremden Menschen (die Sie sonst eigentlich nicht kennenlernen wollen) zu akzeptieren und durch Dauerregen ausgelösten Stimmungstiefs mit Gleichmut zu begegnen. Auch Flexibilität und Spontaneität sind das A und O der versierten Camperin. Wechselnde Campingnachbarn, spontane Ortswechsel und unvorhersehbare Begebenheiten bereiten Sie bestens auf Ihren nächsten Vertretungseinsatz in der 9c im Fach Physik (durch jedes beliebige nicht studierte Fach ersetzbar) vor.

Bei genauer Betrachtung ist der Campingurlaub eine Vorform der Klassenfahrt. Die größte Herausforderung ergibt sich bei der Frage: „Was nehme ich mit?“ Es gilt, den größtmöglichen Gewinn aus einer kleinstmöglichen Menge an Gepäckstücken zu erzielen. Verwerfen Sie von vornherein die Mitnahme von Gegenständen aus den Boxen in Ihrer Regalwand (zweite Reihe) im Arbeitszimmer (→ A wie Arbeitszimmer). Günstig sind funktionale Kleidungsstücke, die sich je nach Anlass gut miteinander kombinieren lassen. Gummistiefel in Kombination mit einer Regenjacke eignen sich am Tag für die Exkursion ins Watt, über dem Schlafanzug getragen bringen sie einen in der Nacht trockenen Fußes zur Campingtoilette. Auch unverzichtbare Alltagsgegenstände wie Flaschenöffner, Taschenmesser oder Wäscheklammern lassen sich prima in modische Accessoires für die Abendveranstaltung (Klassendisco, gesellige Abende am Lagerfeuer) verwandeln. Stecken Sie Ihre Haare elegant mit der Wäscheklammer hoch, maniküren Sie Ihre Fingernägel mit der dem Taschenmesser beiliegenden Nagelfeile; der Flaschenöffner an einem Lederband um den Hals getragen gibt Ihrem Outfit den letzten Schliff. Seien Sie sich gewiss, dass Sie der funktionale und modische Mittelpunkt des Abends sein werden.

Tipp: *Wenn Sie auf einen gewissen Komfort während des Campingurlaubs nicht verzichten möchten, wählen Sie einen der zahlreichen Luxus- oder Wellnesscampingplätze. Deren Angebot reicht von Unterwasseraquarien und Badegrotten über Wellnesskomplexe mit Meerblick bis zum Westerndorf mit Pferdekoppel. Achtung! Viele dieser Campingplätze bieten kostenlose WLAN-Zugänge. Gefährden Sie Ihre Erholung nicht durch das Öffnen Ihres E-Mail-Postfachs. Wer kurzfristige Einladungen der Schulleitung zu Arbeitstreffen oder Konferenzen mit einer automatisierten Abwesenheitsnotiz beantwortet, kann später nicht für Fehlentscheidungen zur Rechenschaft gezogen werden.*

D wie Damenschuh

Schuhe sind für Sie wichtig. Denn in erster Linie sind Sie nicht nur Lehrerin, sondern Frau! Egal, ob pink, grün, schwarz oder grau, flach oder hoch – Schuhe sind Ihr nach außen getragenes Ich.

Rote Stilettos signalisieren Ihre Kampfbereitschaft. Sie hatten am Vorabend einen Anruf eines erbosten Vaters, der Sie als zimperliche Zicke tituliert hat, weil er das kleine Feuerwerk, das sein Sohn Kevin im Lehrerzimmer gezündet hat, als unterhaltsames Intermezzo einstuft? Ganz im Gegensatz zu Ihnen, die bereits mehrfach bei Schulleitung und Polizei Kevins pyromanische Kompetenzen erläutern musste?

Für das nun anstehende Gespräch mit Vater, Kevin, Schulleitung und der Schulpsychologin haben Sie hinsichtlich der Schuhwahl zwei Möglichkeiten:

1. Sie wählen die bequemen Schnürschuhe und signalisieren damit: „In dieser Situation mache ich es mir gemütlich, kann ja länger dauern." Ist das wirklich das, was Sie wollen? Die flachen Schnürschuhe machen Sie zudem nicht größer, was dazu führt, dass Sie bereits bei der Begrüßung noch nicht ein-

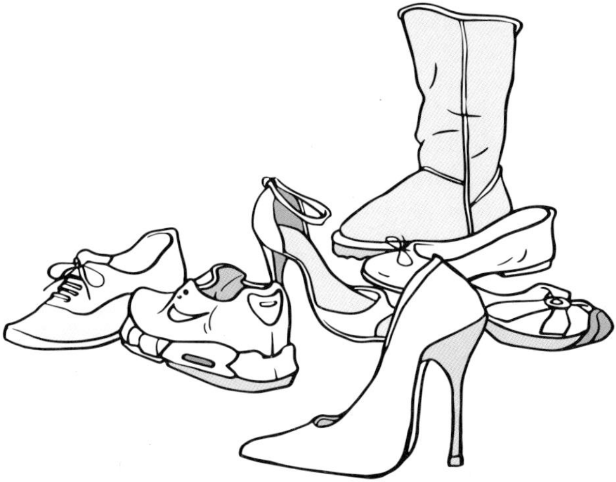

mal auf Augenhöhe mit Kevin sind. Selbst die Schulpsychologin blickt in ihren eleganten Pumps auf Sie herab. Wenn Sie in diesem Gespräch noch die Oberhand gewinnen wollen, haben Sie jetzt noch einiges zu tun.

2. Stellen Sie sich nun vor, Sie tragen die roten Stilettos. Tok, tok, tok – schon aus der Ferne wissen alle Beteiligten, dass Sie gleich da sind und es alles andere als bequem wird. Ihre Gesprächspartner nehmen Sie nun in Ihrer ganzen Größe wahr, von den Schuhen bis zum Scheitel. Wenn Sie bei der Begrüßung dann feststellen können, dass sowohl der Schulleiter als auch Kevins Vater beginnenden kreisrunden Haarausfall haben, wissen Sie, dass Sie die Situation fest im Griff haben. Sie haben keine roten Stilettos? Macht nichts, wählen Sie ausnahmsweise das Schuh-

werk mit dem höchsten Absatz aus Ihrem Schuhregal oder aus der hintersten Kiste Ihres Arbeitszimmers und ergänzen Sie Ihr Outfit mit einem anderen roten Accessoire (zum Beispiel einem Tuch, einer Tasche). Nach Schulschluss führt Ihr Weg Sie jedoch direkt in den nächsten Schuhladen.

Natürlich sollten Stilettos nur für besondere Anlässe im Schulalltag gewählt werden, nicht zuletzt, weil Sie bei großen Entfernungen und vielen Treppen einen Dienstunfall riskieren und damit auch Ihre vollen Pensionsansprüche. Gute Alternativen sind Ballerinas, Sneakers, Stiefel, Sandaletten und Pumps.

Ballerinas sollten für Lehrerinnen unter 160 cm jedoch nicht das Schuhwerk erster Wahl sein. Schulleitung, Schüler und Eltern könnten Sie sonst für eine Schülerin halten. Außerdem eignet sich dieses Schuhwerk nicht für die Pausenaufsicht, es sei denn, Sie klettern auf einen Baum. Das allerdings geht gut mit Ballerinas, stellt dennoch eine Gefahr für Ihre Pensionsansprüche dar.

In der kalten Jahreszeit sind Stiefel immer chic. Für das Sitzen im Bodenkreis sind sie jedoch eher hinderlich und deshalb für Grundschullehrerinnen ungeeignet. Grundsätzlich kann die mögliche Schafthöhe Ihres Stiefels in Abhängigkeit zur Jahrgangsstufe ansteigen. Allerdings sollten Sie in der Oberstufe auf Overknees verzichten, Sie könnten sonst missverstanden werden.

Glitzersandaletten interessieren Ihre weibliche Schülerschaft gegebenenfalls mehr als das eigentliche Unterrichtsgeschehen. Für Vertretungsstunden und bei fehlender Unterrichtsvorbereitung sind sie also das optimale Schuhwerk. Deshalb gilt: Haben Sie immer ein Paar davon griffbereit in Ihrem Fach.

Sneakers gehen eigentlich immer, haben aber einen hohen Quietschfaktor auf PVC-Böden. Wenn Sie nicht möchten, dass Ihre ungeliebte Kollegin im Klassenzimmer nebenan Protokoll führt über Ihre Ankunfts- und Abreisezeiten, Ihre Toilettengänge und Raucherpausen, wählen Sie lieber ein anderes Paar Schuhe.

Der Klassiker sind schwarze Pumps. Sie vermitteln Kontinuität und Zuverlässigkeit. Ist der Absatz allerdings zu hoch (ab 10 cm), signalisieren sie genau das Gegenteil: Abenteuerlust. Unter Umständen macht das einer männlichen Schulleitung, einigen Kollegen und vielen Eltern Angst.

Zu guter Letzt bleiben noch die allseits beliebten Trekkingsandalen. Von diesen raten wir dringend ab. Mögen sie auch noch so bequem sein, so führen sie eventuell zu einer falschen Schlussfolgerung, nämlich, dass man annimmt, Sie seien schon mit einem Bein im Campingurlaub (→ C).

E wie Eltern

Viele Lehrkräfte sind davon überzeugt, dass nicht die Kinder die größte Herausforderung des Lehrerinnenberufes sind, sondern die Eltern.

Eltern haben grundsätzlich immer etwas zum Thema Schule zu sagen und werden dessen auch niemals überdrüssig. Sie haben eine dezidierte Vorstellung davon, wie guter Unterricht abzulaufen hat, und sie wissen, was eine angemessene Testaufgabe ausmacht (sicher sitzen in den Kommissionen für die Erstellung der zentralen Abituraufgaben viel mehr Eltern, als wir annehmen).
Der Grund für diese Allwissenheit der Elternschaft ist einfach – sie halten sich für herausragende Schulexperten, schlichtweg weil sie ja selbst schon für einen längeren Zeitraum in der Schule waren. Die vielen Lehrjahre, die die Eltern in der Schule verbracht haben, legitimieren sie aus ihrer Sicht dazu, stets mitreden zu können.

Erstaunlicherweise nutzen sie dieses Argument aber niemals anderen Professionen gegenüber. So sind uns weder Eltern bekannt, die dem Zahnarzt erklären, wie tief er zu bohren hat, noch wissen wir von Eltern, die in einem Restaurant mal eben in die Küche gehen, um dort dem Koch zu erläutern, wie er sein Fleisch zu braten hat, oder von solchen, die einem Taxifahrer demonstrieren, wie er sein Auto einparken muss.

Lehrkräften jedoch geben Eltern dauernd gute Ratschläge, vor allem dann, wenn sie in geballter Kompetenz zum Beispiel an Elternabenden zusammentreffen.

Für diese Zusammenkünfte sollten Sie sich ein Beispiel an der asiatischen Verhandlungskultur nehmen. Stellen Sie sich einfach vor, Ihnen sitzen wichtige Vertragspartner aus Peking gegenüber.[1] Die erste Regel lautet: Behandeln Sie Ihr Gegenüber als gleichwertigen Partner und nicht als unwissende Meute – auch wenn Sie wissen, dass das natürlich totaler Humbug ist. Schaffen Sie eine freundliche Atmosphäre (Sie müssen nicht gleich eine Kerze anzünden und Tee servieren, aber wählen Sie nicht unbedingt einen Raum im Keller für den Elternabend. Und ganz wichtig: Lächeln Sie – egal, wie irrsinnig Wünsche, Kritik und Argumente der Eltern auch sind!). Sollten Sie in irgendeinem Punkt, etwa Menge der Hausaufgaben, Testschwierigkeit, Angemessenheit der Benotung usw., keine Einigkeit erzielen, verharren Sie nicht in einem Schlagabtausch, wechseln Sie lieber zügig das Thema. Leiten Sie Ihren Satz am besten ein mit: „Ach, in diesem Zusammenhang fällt mir etwas Wichtiges ein ...“ Für die zahlreichen Väter (an Elternabenden werden ja gerne mal die Männer mit einem konkreten Auftrag vorgeschickt) reicht es hingegen aus, auf die letzten Bundesligaergebnisse zu sprechen zu

[1] Unser Wissen über die asiatische Verhandlungskultur basiert auf: Kuhn, Ning, Honxia Shi (2001): *Markt China. Grundwissen zur erfolgreichen Marktöffnung.* München: Oldenbourg.

kommen. Dass ein plausibler Zusammenhang zum Vorangegangenen fehlt, fällt bei der Emotionsbeladenheit dieser Thematik ohnehin keinem auf, leiten Sie danach zum nächsten TOP über. Bei mehrheitlich weiblicher Elternschaft führen Sie den Satz fort mit: „... eigentlich dürfte ich Ihnen das ja gar nicht erzählen, aber jetzt mal ganz unter uns ..." Sie schaffen damit eine besondere Vertrauensbasis und eher freundschaftliche Atmosphäre und in einer solchen ist es viel schwieriger, Kritik zu äußern. Eine weitere Erfolg versprechende Strategie: Schmeicheln Sie Ihrem Gegenüber. Sagen Sie gleich beim ersten Elternabend Dinge wie „Ich muss sagen, ich hatte noch nie eine so intelligente und gleichzeitig charmante Gruppe an Eltern!" und versuchen Sie (angeblich) gemeinsame Interessen anzusprechen: im Gymnasium

Golf oder Tennis, in der Realschule Schimpfen über das Schulsystem, in der Hauptschule Reality-TV, in der Grundschule biologisch hochwertige Pausensnacks – und in der Gesamtschule von allem etwas, aber stets wohldosiert.

Das wichtigste Prinzip lautet aber: Sagen Sie niemals NEIN. Auch wenn Sie mit einem Vorschlag der Eltern überhaupt nicht einverstanden sind, zeigen Sie dies nicht so offensichtlich. Dies kann Ihr Verhältnis unwiederbringlich zerstören, was Sie über Jahre hinweg bereuen werden. Die Asiaten halten sich in solchen Situationen stets bedeckt und lächeln. Sie sagen außerdem, dass sie noch mehr Informationen zu diesem oder jenem Thema benötigen, bevor sie entscheiden können, und schicken zur nächsten Verhandlung dann jemand anderen. Dann muss man wieder von vorne beginnen. Das können auch Sie. Lächeln Sie heute und zeigen Sie Verständnis für die Gegenseite – egal, wie schwer es Ihnen fällt, denken Sie einfach daran, dass man in Asien äußerst erfolgreich solche Umwege geht, um ans Ziel zu gelangen. Behalten Sie deshalb einfach Ihr Ziel vor Augen, und dieses heißt: Eltern so schnell wie möglich, aber auch so zufrieden wie möglich wieder loszuwerden. Und schicken Sie zum nächsten Elternabend einfach Ihre Praktikantin oder notfalls Ihre Schulleitung. Allerdings sollten Sie dabei folgendes Risiko bedenken: Unliebsame Zusagen dieser an die Elternschaft müssen Sie dann gegegebenfalls später umsetzen.

F wie Familie

Zweiter Grund für die Wahl des Lehrerinnenberufs, neben der Beamtenpension, ist für Frauen die vermeintliche Vereinbarkeit von Beruf und Familie. Bislang galt das Amt der Grundschullehrerin als besonders geeignet, da die verlässliche Grundschule spätestens um 14 Uhr endet. Im Zuge zunehmender Ganztagsschulbetriebe ist dieser Status jedoch deutlich in Gefahr. Umso interessanter wird daher der Dienst an Sekundarschulen. Nicht nur ermöglicht Ihnen die höhere Gehaltsklasse die Finanzierung einer Kinderbetreuung sowie einer Reinigungskraft, auch die geringere Anzahl an Unterrichtsstunden macht diesen Schulzweig attraktiver. Allerdings gilt dies nur bei der richtigen Fächerkombination.

Eine günstige Konstellation ist die Kombination von Sport oder Musik und Mathematik. Unter den Kernfächern, um die Sie nicht herumkommen, ist Mathematik das kleinste Übel. Voraussetzung ist jedoch ein gewisses mathematisches Grundverständnis. Für die Vor- und Nachbereitung des Sportunterrichts müssen Sie nur wenig Aufwand betreiben. Außerdem sparen Sie sich als Sportlehrerin den Gang ins Fitnessstudio und damit viel Zeit, die Ihnen wiederum für Ihre Familie zur Verfügung steht.

Die Vorbereitung für den Musikunterricht können Sie gewinnbringend in die musikalische Früherziehung Ihres Kleinkindes einfließen lassen. Gehen Sie dabei jedoch unbedingt Vorbesprechungen für nahende Schulfeierlichkeiten aus dem Weg, da Sie sonst womöglich mit deren musikalischer Ausgestaltung betreut werden. Solche und andere Zusatzleistungen kann bei Ihrem Gehalt wirklich niemand von Ihnen verlangen (→ G wie Gehalt). Als Angestellte sollten Sie auf die exzellente Expertise in dieser Sache Ihrer verbeamteten Kolleginnen verweisen.

Eine weniger günstige Kombination ist die Verbindung der Fächer Politik und Chemie. Unterrichten Sie das Fach Politik, müssen Sie stets das aktuelle Weltgeschehen im Blick haben. Spätestens jetzt werden Sie feststellen, dass die besondere Vereinbarkeit von Lehrerinnenberuf und Familie ein Mythos ist. Komatöser Erschöpfungsschlaf vor den 20-Uhr-Nachrichten ist keine Seltenheit, auf das morgendliche Zeitunglesen muss zugunsten der Schulbrotproduktion verzichtet werden, hitzige politische Debatten, die Ihnen noch aus der Zeit des Studiums vertraut sind, weichen angestrengten Unterhaltungen über Fragen zur Kindererziehung. Auch das Fach Chemie ist alles andere als unproblematisch, da es häufig in Randstunden liegt. Öffnungs- und Schließungszeiten von Kindergärten richten sich in der Regel nicht nach Ihrem Stundenplan. Zudem erfordert das Fach Chemie aufwendige und teils unberechenbare Experimente. Stellen Sie sich vor, wie die Kindergärtnerin Ihnen Ihr Kind mit vorwurfsvollem Blick 20 Minuten nach Schließzeit überreicht, nachdem Sie im Schweiße Ihres Angesichts im Anschluss an die achte Stunde den kleinen Laborbrand erfolgreich gelöscht haben.

Eine tödliche Verbindung, von der wir unbedingt abraten, stellt die Fächerkombination Deutsch und eine Fremdsprache dar. Zeitintensive Korrekturen, unter Umständen bis mitten in die Nacht, erhöhen die Wahrscheinlichkeit des körperlichen und seelischen Verschleißes. Um diesem entgegenzuwirken, sind regelmäßige Besuche bei der Kosmetikerin und Masseurin nötig. In besonders schweren Fällen sind außerplanmäßige Wellnesswochenenden erforderlich. Dies ist nicht nur kostspielig, sondern auch ein enormer Zeitfresser. Als Fremdsprachenlehrkraft werden von Ihnen zudem regelmäßige Auslandsaufenthalte erwartet. Diese können Sie zwar steuerlich geltend machen, die Steuerrückerstattung fließt jedoch unmittelbar in die Kosten für die zusätzliche Kinderbetreuung.

Eine Teilzeitbeschäftigung in der Grundschule scheint letzten Endes die günstigste Lösung für Lehrerinnen mit Familie zu sein. Die hierdurch entstehenden finanziellen Einbußen sollten Sie durch eine vorausschauende Partnerwahl ausgleichen (→ P wie Partnerwahl).

Tipp: *Besuchen Sie bereits während Ihres Studiums dafür vorgesehene Veranstaltungen wie beispielsweise Wiwi-Med-Partys (Wirtschaftswissenschaftler-treffen-Mediziner-Partys). Meiden Sie unbedingt Sowi-Päd-Partys. Das endet in einem finanziellen Desaster.*

G wie Gehalt

Bereits vor Studienbeginn sollten Sie herausfinden, welche Gehaltsklasse und damit welches Lehramt am besten zu Ihnen passt. Hierzu ein Schnelltest. Diesen Test können im Übrigen auch Lehrkräfte durchführen, die schon in ihrem Beruf tätig sind. Sollten Sie dabei feststellen, dass Sie in einem Lehramt mit einer zu niedrigen Gehaltsklasse arbeiten, schulen Sie um oder bewerben Sie sich auf eine Funktionsstelle. Stellen Sie fest, dass Sie in einer zu hohen Gehaltsklasse sind: Herzlichen Glückwunsch!

TEST: Welche der folgenden Aussagen trifft am ehesten auf Sie zu?

- ☐ Ich habe kostspielige Hobbys. (Gymnasium – A 13 / E 13; wenn Sie lang genug durchhalten, auch A 14)
- ☐ Den Sonntagabend verbringe ich am liebsten mit Bastelarbeiten beim Tatort. (Grundschule – A 12 / E 11)
- ☐ Anderen Menschen helfe ich gern. (Hauptschule – A 12 / E 11)
- ☐ Anderen Menschen helfe ich gern, noch lieber helfe ich, wenn ich dafür gut bezahlt werde. (Förderschule – A 13 / E 13)
- ☐ Keine der oben genannten Aussagen trifft auf mich zu, dennoch kann ich mir keinen anderen als den Lehrerinnenberuf für mich vorstellen. (Realschule – A 12 / A 13 / E 11 / E 13)
- ☐ Alle oder mehrere der oben genannten Aussagen treffen auf mich zu. (Gesamt- und Oberschule – A 12 / A 13 – E 11 / E 13; bewerben Sie sich am besten direkt um einen Schulleitungsposten, denn da erhalten Sie bis zu A 16!)

Auch wenn Sie jetzt den zu Ihnen passenden Gehalts- oder Schultyp gefunden haben, sollte Ihnen klar sein, dass das Lehrerinnengehalt nicht in ausreichender Form für die erfüllte oder erfühlte Leistung entlohnt – schon gar nicht bei den angestellten Kirchenmäusen. Da sich an diesem Zustand in absehbarer Zeit nichts ändern wird, empfehlen wir Ihnen diesbezüglich selbst tätig zu werden und Ihre Leistungen dem Gehalt anzupassen. Hierzu ein paar profilbezogene Anregungen:

Als Grundschullehrerin liegt Ihre besondere Leistung in einer intensiven Unterrichtsvorbereitung und der Beschulung einer äußerst heterogenen Schülerschar. Lassen Sie die Schüler sich gegenseitig unterrichten, erstellen Sie währenddessen Ihre Unterrichtsvorbereitung für den nächsten Tag.

In der Hauptschule leisten Sie gewaltige Motivationsarbeit. Um sich das Leben zu erleichtern, legen Sie häufiger einen Actionfilm ein und verwenden Sie Unterrichtseinheiten und -materialien mehrfach – auch in ein und derselben Klasse. Ihre Schüler merken es sowieso nicht.

Als Realschullehrerin müssen Sie vor allem Verwandten und Freunden immer wieder aufs Neue den stetigen Wandel dieser Schulform (Regionalschule, Oberschule, Gemeinschaftsschule usw.) erläutern. Dafür gibt es leider keine kurzfristige Lösung. Deshalb werden Sie am besten gleich Rektorin, dann ist dies Ihre zentrale Aufgabe, für die Sie auch entsprechend bezahlt werden (A 14).

Als Gymnasiallehrerin haben Sie es nicht nur mit anspruchsvollen Schülern, sondern vor allem mit anspruchsvollen Eltern zu tun. Legen Sie sich einen Ordner mit komplizierten, aber inhaltsleeren Floskeln zu, mit denen Sie jedes Elterngespräch im Keim ersticken: „Proportional gesehen hat Ihr Sohn / Ihre Tochter die Intention der Aufgabenkonstellation mit hoher Wahrscheinlichkeit und in Relation zur Aufgabenschwierigkeit in ihrer multimodalen Komplexität intraindividuell antizipiert. Haben Sie dazu noch Fragen?“

Als Gesamt- oder Oberschullehrerin müssen Sie Ihr fachliches Know-how für jedweden Intelligenzquotienten aufbereiten können. Damit haben Sie in Anbetracht Ihrer Bezüge mehr als genug geleistet. Lernen Sie deshalb, andere Arbeiten zu delegieren. Lassen Sie die Ihnen zur Seite gestellte pädagogische Fachkraft Klassenarbeiten korrigieren, Elterngespräche führen und Zeugnisse schreiben.

Als Förderschullehrerin brauchen Sie fünf Hände und vier Beine, um den vielfältigen Bedürfnissen Ihrer Schülerschaft gerecht zu werden. Dies fordert seinen körperlichen Tribut. Mit A 13 können Sie sich zum Glück regelmäßig die mobile Fußpflege oder Maniküre ins Klassenzimmer bestellen. Schaffen Sie sich dafür Freiräume, etwa wenn Ihre Schüler im Bällebad abtauchen.

H wie Hofaufsicht

(Synonyme: Pausenaufsicht, Distanzmonitoring)

Die Hofaufsicht (Achtung: draußen) oder Pausenaufsicht (kann auch im Gebäude sein) gehört für viele Lehrerinnen zu den eher unliebsamen beruflichen Pflichten. Dies liegt zum einen an der beinahe gesundheitsschädigenden Dezibelzahl, die Ihnen entgegenschlägt, zum anderen an den in Mitteleuropa eher üblichen schlechten Wetterverhältnissen. Ohropax dürfen Sie aus aufsichtsrechtlichen Gründen nicht tragen und auch das Herumlaufen mit Kopfhörern Ihres iPods ist nicht gerade ein Vorbild für Ihre Schüler. Gummistiefel und Regencape finden in Ihrem Fach im Lehrerzimmer keinen Platz mehr. Und spätestens wenn Ihr verregneter Hofaufsichtstag mit einem wichtigen Gesprächstermin zusammenfällt, zu dem Sie Ihre roten Stilettos tragen sollten, haben Sie ein echtes Problem. Wie Sie es auch drehen und wenden, der Hof- oder Pausenaufsicht lässt sich nichts Positives abgewinnen. Darum lautet die oberste Prämisse:
So selten wie möglich!

Bereits bei der Wahl der Schule sollten Sie deshalb besonders wachsam sein. Bevorzugen Sie Schulen mit einem großen Lehrerkollegium. Damit verringert sich die durchschnittliche Anzahl an Pausenaufsichtstagen, die Ihnen zugeordnet werden. Wählen Sie außerdem Schulen mit einer erhöhten Anzahl an eher unsportlichen, kinderlosen oder jüngeren Lehrkräften – hier ist die Gefahr, dass Sie neben Ihren eigenen auch noch zusätzliche krankheitsbedingte Vertretungspausenaufsichten durchführen müssen, am geringsten. Ebenso sind Schulen mit vielen männlichen und im günstigsten Fall rauchenden Kollegen von Vorteil. Diese gehen gerne auch mal freiwillig an die frische Luft. Lassen Sie ganz nebenbei Sätze fallen wie „Hier riecht aber jemand nicht mehr so gut" oder „Ich glaube, da draußen sind tatsächlich ein paar Lucky-Strike-Promoter am Hoftor" und bieten Sie unruhig werdenden Kollegen dann im nächsten Zug höflich Ihre Pausenaufsicht an. Auch springen männliche Kollegen im Winter sicher gerne heldenhaft für Sie ein, wenn Sie herzzerreißend andeuten, dass Sie in Ihrem angeschlagenen Zustand nach der Hofaufsicht in Ihrem viel zu dünnen Blüschen sicher bald eine längerfristige Vertretung brauchen werden.

Um einige Hofaufsichten werden Sie dennoch nicht herumkommen. Machen Sie das Beste daraus. Gerade bei schönem Wetter kann Ihnen die Pausenaufsicht den Gang zur Sonnenbank am Nachmittag ersparen. Wählen Sie schon am Morgen des Aufsichtstages Ihre Kleidung nach der Zwiebelmethode aus, sodass Sie je nach Wetter und Bräunungsbedarf ein Kleidungsstück nach dem anderen im Pausenhof ablegen können. Bei schlechtem Wetter lassen Sie Ihren Pullover und die Jacke am besten gleich im Klassenzimmer und wenden sich dann wie oben beschrieben an besagte männliche Kollegen.

Verstehen Sie die Pausenaufsicht auch als Sportangebot. Laufen Sie Ihre Strecke mehrfach und zügig ab und stecken Sie sich Ziele. Erhöhen Sie kontinuierlich Ihre Geschwindigkeit und die Länge der von Ihnen zurückgelegten Strecke. Behalten Sie jedoch die Zeit im Auge, sonst laufen Sie Gefahr, nicht rechtzeitig zu Stundenbeginn zurück zu sein. In großen Höfen können Sie Ihre Walkingstöcke gut mitnehmen. Diese helfen auch in unangenehmen Konfliktsituationen. Aus Streitereien sollten Sie sich dennoch bei der Pausenaufsicht weitestgehend heraushalten, vor allem an Hauptschulen, denn diese sind häufig nicht ganz ungefährlich und Sie setzen unnötig Ihre vollen Pensionsbezüge aufs Spiel.

Für Referendarinnen und Lehrerinnen der Bezügegruppe A 12 bieten Pausenaufsichten auch eine gute Gelegenheit, die Haushaltskasse ein wenig zu schonen. Laden Sie Freunde und Bekannte schon vorab zur Fingerfoodparty am Abend Ihres Pausenaufsichtstages ein. Nehmen Sie eine große Tupperdose mit in den Hof und sammeln Sie das ein, was die Schüler sowieso nicht essen oder gerne mit Ihnen teilen. Sie werden erstaunt sein, welch reichhaltiges Büfett Sie Ihren Gästen am Abend bieten können. Aber Achtung: Bei Aufsicht in Höfen mit älteren Schülern müssen Sie Ihre Einladung eventuell kurzfristig zum Fernsehabend mit Chips und Cola umgestalten.

I wie Inklusion

Auch wenn Sie nicht an einer Förderschule unterrichten und auch nie vorhatten, dies zu tun – um das Thema Inklusion kommen Sie seit Neuestem nicht mehr herum. Viele sehen dem Prinzip „eine Schule für alle" eher skeptisch entgegen. Ein analytischer Blick auf den Begriff der Inklusion macht jedoch schnell deutlich, dass sich Ihnen mit dem damit verbundenen Konzept ungeahnte neue Möglichkeiten eröffnen.

Das Wort Inklusion leitet sich vom lateinischen Verb *includere* ab, welches sich unterschiedlich übersetzen und auslegen lässt:

1. *beinhalten:* Überträgt man das Wort „beinhalten" auf das unterrichtliche Konzept der Inklusion, so wird schnell deutlich, dass Sie eigentlich nichts an Ihrem bisherigen Unterricht ändern müssen, es sei denn, Ihr Unterricht war bislang völlig inhaltsleer. Ansonsten haben Sie das Soll bereits erfüllt. Haben Sie dennoch das Gefühl, dass Ihre Unterrichtsinhalte stärker der Idee der Wertschätzung und Anerkennung von Diversität entsprechen sollten, so lässt sich dies mit einigen einfachen Maßnahmen umsetzen. Erstens holen

Sie die Kinder da ab, wo sie stehen. Zum Beispiel können Sie adipöse, wenig sportliche Kinder mit dem Bollerwagen von der Bushaltestelle direkt ins Klassenzimmer chauffieren. Zweitens fordern Sie hochbegabte Kinder mit Ihrer nächsten Steuererklärung kognitiv heraus. Stellen Sie als Anerkennung ein Abonnement der Financial Times in Aussicht, dies erfreut sicher auch die Eltern. Für tiefbegabte Kinder ändern Sie Aufgabenstellungen aus Schulbüchern in angemessener Weise ab. Schulbuchaufgabe: Lies dir den Text aufmerksam durch. Markiere wichtige Stichworte. Fasse den Inhalt des Textes mit eigenen Worten zusammen. Differenzierungsangebot: Male ein Bild.

2. *einschließen:* Kaum zu glauben, aber wahr – das Einschließen von Schülern ist ein Grundgedanke der Inklusion. Damit Sie diesen jederzeit umsetzen können, lassen Sie sich vom Hausmeister einen Generalschlüssel aushändigen. So können Sie das gesamte Schulgelände entsprechend den unterschiedlichen Besonderheiten Ihrer Schülerschaft aufteilen. Schließen Sie hyperaktive Kinder in der Turnhalle, Musikbegabte im Musikraum, Lese-Rechtschreib-Schwache in der Schülerbibliothek, pubertierende Mädchen in der Damentoilette und Computersüchtige im PC-Raum ein. Unauffällige Schüler verbleiben zunächst im Klassenzimmer und erhalten die Aufgabe, ihre individuellen Bedürfnisse herauszufinden, aufzulisten und zu kategorisieren. Ziel der Aufgabe ist es, sich selbstständig einem Raum auf dem Schulgelände zuordnen zu können (das Klassenzimmer bleibt deshalb geöffnet). Auch für sich selbst sollten Sie eine

Einschließmöglichkeit für Ruhe- und Erholungsphasen einplanen. Hier bieten sich das Krankenzimmer, der Kartenraum oder die Duschkabinen in der Turnhalle an.

3. *einsperren:* Das Einsperren von Schülern stellt eine deutliche Qualitätssteigerung des Einschlussgedankens dar. Die bedürfnisgerechte Verteilung der Schülerinnen und Schüler wird hier aufgelöst. Stattdessen werden heterogene Schülergruppen gebildet und in einem Raum inkludiert, also eingesperrt.

Wenn Sie trotz oder gerade wegen dieser zahlreichen Möglichkeiten, die Ihnen die Inklusion bietet, noch das Bedürfnis nach Weiterbildung in diesem Bereich haben, Ihnen jedoch dazu die Zeit fehlt, üben Sie Wertschätzung, Anerkennung und Differenzierung ganz einfach in

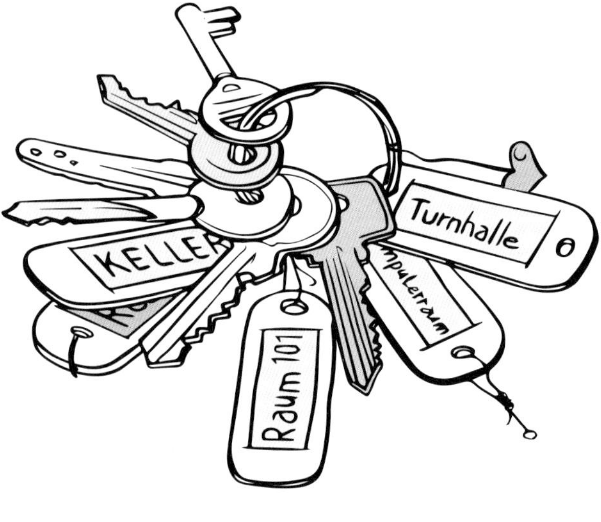

Alltagssituationen. Erkennen Sie die Bemühungen des Postbeamten am Schalter auch dann mit einem Lächeln an, wenn Sie in der Schlange ganz hinten stehen und sich an dieser Position offensichtlich auch in den nächsten Stunden nichts ändern wird. Schätzen Sie die Fahrkünste der Dame, die Ihnen gerade die Vorfahrt genommen hat, wert und bedenken Sie, dass eventuell eine Sehbehinderung oder eine tieferliegende Persönlichkeitsstörung zu diesem Verhalten geführt hat. Differenzieren Sie Ihre Ansprüche zum Beispiel beim Besuch eines Kaufhauses gemäß den domänenspezifischen Fähigkeiten der Mitarbeiter. Fragen Sie die Verkäuferin in der Damenoberbekleidung nicht nach Miederhosen oder Kompressionswäsche, denn das liegt nicht in ihrem Kompetenzbereich.

J wie Jagen und Sammeln

Als Frau wurde Ihnen eine ausgewiesene Sammelkompetenz quasi mit in die Wiege gelegt. Bereits in der Steinzeit war das weibliche Geschlecht für das Sammeln von Beeren, Eiern und Pilzen zuständig, damit das von den Männern nach Hause gebrachte Fleisch nicht ohne Beilagen gegessen werden musste. Noch heute essen viele von uns lieber die Deko, wenn auch nur, um noch oder wieder in das Sommerkleid in Größe 38 zu passen. Auch sammelten unsere Vorfahrinnen Blätter, Sträucher und Muscheln, um damit ihre Höhlen zu schmücken. Während sich Männer also schon in der damaligen Zeit – ähnlich wie heute – nur um das fürs Überleben Notwendige kümmerten und gezielt eine Sache jagten, waren unsere Vorfahrinnen für das zuständig, was unser Leben wirklich bereichert. So sammelten sie alles, was auch nur ansatzweise den Anschein erweckte, dass man es gebrauchen könnte.

Ähnlich verhält es sich mit der Sammelleidenschaft einer klugen Lehrerin. Ob Joghurtbecher, Klopapierrollen oder Kerzenstumpen: In der Arbeitshöhle der Lehrerin findet man alles, was das Schulleben bereichern kann.

Bezahlt macht sich die Sammelleidenschaft spätestens bei der nächsten Projektwoche, welche Sie zum Thema „Kreative Alltagskunst“ gestalten. Hier können Sie aus dem Vollen schöpfen. Beladen Sie Ihren Campingwagen bereits am Vortag mit all Ihren Sammlerstücken. Lassen Sie die Schüler nun zuallererst thematische Häufchen stapeln und anschließend ihre eigenen Kunstwerke gestalten. Mit diesem Projekt schlagen Sie gleich drei Fliegen mit einer Klappe: 1. Sie benötigen für dieses Projekt keine zeitraubende Vorbereitung. 2. Während Ihre Schüler „ergebnisoffen und kreativ“ vor sich hin basteln, planen Sie bereits die nächste Schulwoche, lesen die Zeitung oder lassen sich die Hände maniküren. 3. Die Bewunderung von Kollegen für den genialen, weil unauf-

wendigen Zeitvertreib sowie von ambitionierten Eltern für die ästhetisch-kreative Förderung ihrer hochbegabten Kinder ist Ihnen sicher. Sie sollten auch damit rechnen, dass mindestens ein männlicher Kollege Sie circa einen Tag vor Projektbeginn fragt, ob er sich an Ihrem Projekt beteiligen kann. Nutzen Sie diese Chance und entlocken Sie ihm im Gegenzug das Versprechen, Ihre Hofaussichten der nächsten zwei Wochen zu übernehmen. Gut und gerne können Sie insgesamt mit drei Kollegen auf diese Weise kooperieren und haben so sechs Wochen (!) Hofaufsicht (→ H) gespart.

Sammeln kann aber auch gefährlich werden, wenn man es nicht mehr schafft, Dinge rechtzeitig zu entsorgen. Stellen Sie sich bloß die folgenden Szenarien vor: Auf dem Dachboden oder im Keller fallen alle gestapelten Kisten über Ihnen zusammen, weil Sie in der untersten nach den Blockflötennoten gesucht haben. Jetzt findet Sie niemand mehr, weil sich das Seidenpapier aus der Kiste über Sie gelegt hat und Sie einen Filzball im Mund haben ... Oder: Sie finden eines Morgens zwischen Knöpfen, Stoffbahnen und Flaschenkorken weder Ihren Mann noch Ihre Kinder wieder. Deshalb gilt es, die Sammelleidenschaft zu begrenzen und im Rahmen des alljährlichen Frühjahrsputzes ein paar Dinge auszusortieren, die Sie WIRKLICH nicht mehr benötigen. Dazu zählen zum Beispiel: Ordner, welche Unterrichtsvorbereitungen enthalten, die 1. mit Hand und auf Matritze geschrieben sind, 2. mit der Schreibmaschine getippt wurden, 3. Arbeitsblätter integrieren, auf denen die Begriffe D-Mark oder Reichsmark oder „ausstehendes Wahlrecht der Frau in Deutschland" zu finden sind. Eine gute Verwertungsstelle sind in erster Instanz Referendarinnen oder junge Kolleginnen, die noch am Anfang ihrer Jagd- und Sammelkarriere stehen und daher alles nehmen, was sie kriegen können.

Tipp: *Haben Sie in Ihrem letzten Italienurlaub Fangnetze der ortsansässigen Fischer erbeuten können? Bringen Sie diese luftig unter Ihrer Decke im Flur oder Wohnzimmer an und legen Sie hier zum Beispiel im Frühjahr, Sommer und Herbst nicht benötigte Weihnachtsdekoration für das Klassenzimmer oder leere Eierschachteln ab. Seien Sie vorsichtig mit kleinen und spitzen Gegenständen, die sich durch die Netzlöcher bohren könnten – diese gefährden unnötig Ihre Gesundheit und damit Ihre Pensionsansprüche.*

K wie Kollegium

Mit dem Kollegium verhält es sich ähnlich wie mit den Schülern – es ist eben da und daran lässt sich nichts ändern, außer Sie werden Lehrkraft in einem Wanderzirkus oder auf einer Hallig, was wohl für die wenigsten unter uns eine echte Option darstellt. Dies bedeutet, dass Sie, bevor Sie sich Ihr hübsch frisiertes Köpfchen darüber zerbrechen, wie Sie möglichst geschickt mit Ihren männlichen und weiblichen Kollegen verfahren, sich ein Bild davon verschaffen sollten, mit wem Sie es eigentlich zu tun haben. Dazu schlagen wir einen fiktiven Gang durch das Lehrerzimmer vor, bei dem Sie auf Folgendes achten sollten:

1. Wer sitzt wo und vor allem, wer sitzt mit wem zusammen? Das ist eine entscheidende Frage für den Umgang mit besagten Kollegen. Grundsätzlich können Sie davon ausgehen, dass es so etwas wie eine heimliche Sitzordnung im Lehrerzimmer nicht gibt. Ganz im Gegenteil, hier werden einmal besetzte Plätze bis aufs Blut verteidigt und frei werdende Sitzgelegenheiten in natürlicher Erbfolge weitergegeben. Vor allem Kollegen, die bereits 30 Sekunden nach dem Pausengong ihren Platz eingenommen, herzhaft

in ihr Butterbrot gebissen und den letzten Kaffee aus der Gemeinschaftsküche für sich und ihren Lieblingskollegen reserviert haben, sollten Sie durch gezielte Freundlichkeitsattacken in ihren Grundfesten erschüttern. Ausrufe wie „Ach, Peter, das macht uns allen doch gar nichts, dass du den letzten Kaffee getrunken und keinen neuen aufgesetzt hast. Wir wissen doch alle um deine häusliche Situation" werden nicht nur besagtem Peter für immer im Gedächtnis bleiben, sondern auch dem Kollegium, für das Peter von da an eine *Persona non grata* ist.

2. Gibt es in Ihrem Kollegium Freundinnen? Während männliche Kollegen in der Regel durch Charme und Augenaufschlag besänftigt werden können, müssen Sie bei Freundinnen andere Geschütze auffahren. Freundinnen erkennen Sie daran, dass sie sowohl ihren Fitnesssalat als auch den Kaffee miteinander teilen, stets einer Meinung sind und ihr äußeres Erscheinungsbild bis ins Detail aufeinander abgestimmt haben. Wenn Sie eine von ihnen für Ihre Interessen gewinnen möchten, so gelingt dies nicht, ohne auch die andere mit ins Boot zu holen. Sie müssen also eine Doppelstrategie fahren, bei der beide Freundinnen restlos überzeugt sind, dass es ohne sie nicht geht. Servieren Sie den Freundinnen Ihren mitgebrachten Geburtstagskuchen auf einem Teller mit zwei Gabeln und verwenden Sie bei der Ansprache besagter Kolleginnen stets die Pluralform: „Lasst es euch schmecken!"

3. Wenn Sie bei der Ausschau nach Freundinnen nicht erfolgreich sind, sollten Sie sich fragen, ob es in

Ihrem Kollegium auch Feindinnen gibt. Ja, Sie haben richtig gelesen, dies betrifft in 99 Prozent der Fälle das weibliche Geschlecht. Warum? Ihre männlichen Kollegen sind sich selbst genug, weshalb es gar nicht erst zu ernsthaften Streitigkeiten mit anderen Kollegen kommt. Ganz anders Ihre Kolleginnen, die ihre Feindschaften gleichermaßen pflegen wie ihre Freundschaften. Aber Achtung: Schneller als Sie die beiden Wörter aussprechen können, werden aus Freundinnen Feindinnen und umgekehrt. Daher heißt es, stets in Habachtstellung zu sein. Und letztlich gilt: Wenn Sie eine Kollegin für sich instrumentalisieren und sichergehen wollen, dass Ihr Vorhaben glückt, nehmen Sie weder eine Freundin noch eine Feindin. Es gibt genügend männliche und weibliche Ausweichkandidaten, auf die Sie zurückgreifen können: den intellektuellen Außenseiter, das perfekte Organisationwunder, die verständnisvolle Vertrauenslehrerin, die engagierte Feuerwehrkraft, den hauptberuflichen Großvater in Altersteilzeit.

Grundsätzlich ist zu beachten, dass die reale Kontaktzeit mit Kollegen und Kolleginnen sich auf ein notwendiges Minimum beschränken sollte. Es erfordert schon Ihre ganze Kraft, die Pausenzeiten im Lehrerzimmer durchzustehen, ohne mit der nächstbesten Blumenvase den dozierenden Kollegen gegenüber zu erschlagen oder der meckernden Zicke nebenan mit Ihren Stilettos gegen das Schienbein zu treten. Alles, was über die unumgänglichen Kontaktzeiten hinausgeht, wie etwa die Mitarbeit an ergebnislosen Arbeitsgruppen, die Ausrichtung eines Schulfestes, das außer dem Rektor niemand gewollt hat, oder die gemeinsame Teamfindungsaktion am Nachmittag oder Wochenende, gefährdet Ihr geruhsames Leben als Lehrerin.

L wie Lehrerkonferenz

Es gibt im Schulleben zahlreiche lästige Angelegenheiten, um die man nur schwerlich herumkommt. Neben der Hofaufsicht (→ H) gehört die Lehrerkonferenz zweifelsfrei dazu. Gleich mehrere Aspekte machen die Lehrerkonferenz zu einer recht unerquicklichen Sache. Zunächst einmal sprengt eine solche Veranstaltung immer wieder aufs Neue Ihr Nachmittagsprogramm (→ N), vor allem, wenn über das Ende der veranschlagten zwei Stunden hinaus noch eine hitzige Diskussion über die Farbe der Lehrerzimmerbestuhlung entfacht wird. Aber auch Kollegen und nicht zuletzt die Schulleitung lassen das Ganze zur Mühsal werden. Ist die Tagesordnung mit 12 TOPs ohnehin schon mehr als voll, so schnellen noch während die Frage gestellt wird, ob unter „Sonstiges" noch Themenwünsche anstünden, mindestens sechs Hände in die Höhe. Greifen Sie jetzt zum Smartphone, noch besser, verlassen Sie kurz die Konferenz und verschieben Sie Ihr abendliches Date schon einmal um eine Stunde nach hinten. Unter dem Stichwort Work-Life-Balance sollten Sie Ihre Schulleitung nach Ende der Konferenz in einem Vier-Augen-Gespräch (natürlich in den richtigen Schuhen → D wie Damenschuh) außerdem von einem Stundenausgleich am Freitag- oder Montagmorgen überzeugen.

Drohen Sie notfalls, gequält lächelnd, mit unabsehbarem Ausfall wegen Überlastung, noch überzeugender, wegen Burn-out.

In Anbetracht sich stetig wiederholender Lehrerkonferenzen sollten Sie jedoch einige generelle Strategien entwickeln, die Ihnen helfen, diese ohne größere Blessuren zu überstehen. Eine der wichtigsten Maßnahmen ist, zuallererst zu vermeiden, das Protokoll schreiben zu müssen, denn das kostet Sie womöglich auch noch Ihr wohlverdientes Wochenende. Hier einige Tipps, wie Sie um das Protokollschreiben herumkommen:

1. Bandagieren Sie Ihre Schreibhand und behaupten Sie, Sie hätten von der vielen Unterrichtsvorbereitung am Rechner eine chronische Sehnenscheidenentzündung. Pfiffig ist es, damit schon einige Tage vor der anstehenden Konferenz in der Schule aufzuwarten. Das verschafft Ihnen, wenn Sie nur genug jammern, auch zusätzliche Entlastungen, wie zum Beispiel eine Befreiung vom Spüldienst, keine Korrekturen oder eine Freistellung von den Bundesjugendspielen. Aber, verabreden Sie sich in dieser Zeit nicht mit Kollegen zum Tennisspielen oder Segeln, das könnte das Kollegium unnötig gegen Sie aufbringen.

2. Lassen Sie im Laufe des Vormittages mehrfach fallen, dass Sie sich heute nicht sonderlich wohlfühlen und eventuell eine Grippe im Anmarsch ist, Sie aber selbstverständlich pflichtbewusst an der Konferenz teilnehmen und unter größter Anstrengung und trotz der Gefahr eines Zusammenbruchs das Protokoll schreiben möchten. Über kurz oder lang wird sich sicher ein Kollege heldenhaft anbieten, das Protokoll

für Sie zu übernehmen. Wenn Sie es besonders geschickt angehen lassen und erst nach den ersten fünf Minuten der Sitzung einen kleinen Schwäche- oder Hustenanfall vortäuschen, steht nun trotzdem Ihr Name hinter dem Punkt Protokollführung, und schon sind Sie für den Rest des Schuljahres raus aus der Nummer. Damit erledigen sich dann auch alle anderen Strategien.

3. Die fraglos unkomplizierteste Variante ist: Melden Sie sich am Tag der Lehrerkonferenz krank. Das erspart Ihnen die Mitschrift leidiger Debatten über Inhalte, die sowieso schon in den fünf vorausgegangenen Konferenzen ergebnislos geführt wurden und die das Protokoll unnötig ausarten lassen. Auf diese Weise steht Ihnen nicht nur der Nachmittag, sondern auch der gesamte Vormittag zur freien Verfügung. Und da alle anderen Kollegen in der Schule sind, gehört die Stadt sozusagen Ihnen: Gehen Sie ausgiebig frühstücken, gönnen Sie sich einen Friseurbesuch, verabreden Sie sich mit einer Freundin, die nicht Lehrerin ist, zum Shoppen usw.

Optimal ist es, wenn Sie die verschiedenen Strategien im Wechsel, sozusagen spiralcurricularförmig, anwenden und so Ihren Protokolldienst auf ein Minimum reduzieren. Sollten Sie doch einmal in die Verlegenheit kommen, ein Protokoll bei einer Lehrerkonferenz schreiben zu müssen, so kopieren Sie einfach Textfragmente aus alten Protokollen zusammen. Keine Sorge, das merkt niemand, denn, seien wir mal ehrlich, wer liest schon Protokolle?

M wie Medien

Auch wenn Sie nicht medienaffin sind, kommen Sie um deren Einsatz im Unterricht des 21. Jahrhunderts nicht mehr herum. Versuchen Sie deshalb, die Arbeit mit neuen Medien positiv zu sehen, und setzen Sie diese gewinnbringend im Unterricht für Ihre eigenen Zwecke ein. Stellen Sie Ihren Schülern Aufgaben im Sinne des lebensnahen Lernens, von denen auch Sie profitieren. So können Sie zum Beispiel gemeinsam mit Ihren Schülern im Matheunterricht Miet- oder Immobilienpreise in Ihrer Umgebung vergleichen oder fächerübergreifend Ihren nächsten Urlaub planen.

Beispielaufgabe: Frau X ist seit drei Jahren Lehrerin (A 12) im Bundesland Nordrhein-Westfalen und hat es gerne warm. Englisch und Französisch gehören nicht zu ihren Unterrichtsfächern. Das Fach Spanisch hat sie einige Male in der Klasse 7a vertreten. Frau X möchte mit ihrem Mann, ihren zwei Kindern und dem Hund Bruno drei Wochen Campingurlaub in Europa machen. Suche im Internet nach einem Campingplatz, den Frau X sich leisten kann, wenn sie 1. bei der Partnerwahl aufgepasst hat und mit einem gut verdienenden Juristen verheiratet ist oder 2. während ihres Studiums auf der fal-

schen Party war und mit einem Sozialpädagogen liiert ist. Bedenke bei der Wahl des Urlaubsortes, dass Frau X später ihre vollen Pensionsansprüche geltend machen möchte und sich daher keinen besonderen Gefahren aussetzen darf. [Passen Sie die Aufgabe gerne auch entsprechend Ihren persönlichen Gegebenheiten an.]

Neben dem Internet ist gerade das Interactive Whiteboard (sprich */interäktif waitboad/*) in Schulen sehr beliebt – besonders Schulräte und Schulleitungen sehen es gerne, wenn ihr Kollegium auf dem neuesten Stand ist und solche Medien zum Einsatz bringt. Wenn Sie nun aber keine Ahnung haben, wie man mit diesen Monstertafeln umgeht, haben Sie drei Möglichkeiten:

1. Zerschneiden Sie das tausendseitige Manual in etwa zehn Teile. Lassen Sie die Schüler nun in arbeitsteiliger Gruppenarbeit Teile des Manuals in eigenen Worten zusammenfassen und die Funktionen des

Gerätes am Whiteboard vorführen. Bei Fragen der Schüler verweisen Sie sie auf die Hilfeseite des Medienanbieters im Internet – den Eltern erläutern Sie diese Maßnahme unter dem Stichpunkt Lernerautonomie.

2. Bekleben Sie die Front des Whiteboards mit farbiger Schrankfolie. Kaufen Sie eine große Menge Türgarderobenhaken und befestigen Sie diese am oberen Rand. Nutzen Sie das Whiteboard als zusätzliche Garderobe und erklären Sie Eltern und Schulrat, dass bislang noch keine Gelder für eine Whiteboardanschaffung in Ihrer Klasse da sind, was Sie natürlich sehr bedauerlich finden.

3. Verwenden Sie weiterhin die grüne Tafel und erklären Sie Schulrat und Schulleitung beim Besuch, dass Ihre Prezi (*/präsi/*) mit der Software (*/zoftwär/*) des Interactive Whiteboard (s. o.) nicht kompatibel ist und dass Sie den Schülern auf keinen Fall mit einer altbackenen PowerPoint (*/pauerpeunt/*)-Präsentation ein schlechtes Vorbild sein wollen. Das nimmt Ihnen jeder ab – vor allem, wenn Sie ganz zum Schluss noch folgenden kleinen Witz erzählen:

   Ein Chemielehrer, ein Physiklehrer und ein Informatiklehrer fahren im Auto. Das Auto bleibt plötzlich stehen.

   Meint der Chemielehrer: „Mensch, das liegt bestimmt am Benzin, das wir vorher getankt haben."

Sagt der Physiklehrer: „Ach was, das liegt bestimmt an der Zylinderkopfdichtung.“

Sagt der Informatiklehrer: „Moment mal, jetzt steigen wir aus und dann wieder ein und dann geht’s schon wieder.“

N wie Nachmittagsprogramm

Die Tatsache, dass Sie als Lehrerin den Nachmittag nicht – wie andere Berufstätige – gezwungenermaßen täglich am außerhäuslichen Arbeitsplatz verbringen müssen, ist sicherlich ein großer Pluspunkt bei der Berufswahl. Diese Gegebenheit löst bei vielen anderen Berufstätigen oder auch nicht Berufstätigen offensichtlich aber großen Unmut aus, was dazu führt, dass eine Lehrerin stets mit vielen Vorurteilen zu kämpfen hat. Immer wieder gerät sie in Diskussionen, in denen sie sich dafür rechtfertigen muss, warum sie augenscheinlich viel weniger arbeiten muss als andere Berufsgruppen auf diesem Planeten. Während die arme Bankerin um 14:00 Uhr noch beim langweiligen Businesslunch mit einem wahrscheinlich noch langweiligeren Klienten über den diffizilen Aktienindex sinniert, steht die Lehrerin nach einem leichten Snack beim Italiener um die Ecke oder um diese Uhrzeit bereits auf dem Tennisplatz und tut etwas für ihre schlanke Linie. Während die bedauernswerte Juristin am Nachmittag im Gerichtssaal schwitzt, um Kevins Eltern im Prozess wegen Verletzung der Aufsichtspflicht zu verteidigen, beaufsichtigt die Lehrerin lieber ihre eigenen Kinder im Schwimmbad oder im Garten oder im besten Fall im Schwimmbad im Garten

(→ P wie Partnerwahl). Während die arme Assistenzärztin für einen Hungerlohn im Nachtdienst zahlreichen Menschen das Leben rettet, sitzt die Lehrerin entspannt im Programmkino und isst Popcorn.

Dass Lehrerinnen nach ihrem Unterricht unendlich viele Korrekturen vorzunehmen haben, die beim heutigen Rechtschreibtalent der Generation Google bis spät in die Nacht hineinreichen, zählt bei vielen nicht als wirkliches Argument, denn die meisten stellen sich die Korrektur als eine leichte Routinetätigkeit vor, die man gut und gerne bei einem Stück Erdbeertorte oder einem Cocktail am Pool nebenher auf der Sonnenliege bewältigen kann. Die Lehrerin, die erklärt, dass sie an ihren Nachmittagen, Abenden und Wochenenden Unterrichtsvorbereitungen macht, erntet dafür maximal ein ungläubiges „Ach ja?" inklusive eines müden Lächelns, das die Gedankengänge des Gegenübers sichtlich verrät: „Ich dachte, es gibt Schulbücher?!" Und: „Einmal vorbereitet, immer vorbereitet ..." Dass die neuen Bildungspläne mehr Kreativität denn je von Ihnen verlangen und Unterrichtsvorbereitungen heutzutage genauso schnell veraltet sind wie ein Softwareupdate, verstehen Laien nicht. Es interessiert auch niemanden wirklich, dass Sie Ihre Nachmittage zunehmend in Ganztagsschulbetrieben verbringen, vermehrte Anwesenheitspflichten nach Schulschluss zum Zwecke von Teamsitzungen oder anderen vom Qualitätsmanagement ins Leben gerufenen Veranstaltungen bestehen. Denn dies alles seien schließlich Ausnahmen und diese fielen wahrscheinlich sowieso mit dem Ruhetag Ihres Mittagsitalieners zusammen. Es tut uns aufrichtig leid, Ihnen dies sagen zu müssen, aber als Lehrerin werden Sie die Welt da draußen niemals davon überzeugen können, dass Ihr, mit anderen Berufsgruppen in der Wirtschaft verglichen, wenig üppiges Gehalt nicht wirklich durch ein hohes Maß an nachmittäglicher Freizeit wieder wettgemacht wird. Denn dafür hat sich das Bild der freizeitorientierten Lehrerin, die am Nachmittag mit ihrem Golden Retriever am See spazieren geht oder in der Sonne zum Tennisplatz radelt, schon viel zu lange in unserer Gesellschaft verfestigt. Darüber können Sie sich nun furchtbar aufregen und trotz aller Aussichtslosigkeit versuchen, allen anderen klarzumachen, wie ungerecht dieses Bild doch ist. Dies wird Sie im Zweifel jedoch sehr viel Energie kosten. Die wahrscheinlich bessere Variante ist die, dem Bild einfach zu entsprechen – frei nach dem Motto: Ist der Ruf erst ruiniert, lebt sich's frei und ungeniert! Sie werden sehen, wie schnell Sie damit nicht nur tatsächlich mehr Freizeit am Nachmittag zur Verfügung haben als bisher, sondern wie sehr die anderen sich plötzlich für völlige Idioten halten, weil sie diesen attraktiven Beruf, der nicht nur ausreichend Geld, eine riesige Pension, eine private Krankenversicherung und auch noch eine Menge Freizeit mit sich bringt, nicht selbst gewählt haben. Gehen Sie dafür ab sofort in die Offensive. Reagieren Sie auf Kommentare wie „Na, schon fertig für heute?" oder „Wie, schon wieder Ferien?!" mit „Genau, darum Augen auf bei der Berufswahl!".

Um Ihrem Ruf alle Ehre zu machen, planen Sie Ihr Nachmittagsprogramm ab sofort mit großer Sorgfalt und halten sich lästige Korrekturen und weitere Vorbereitungen für die Woche möglichst vom Leib. Fragen Sie dazu etwa befreundete Juristen nach Praktikanten in deren Kanzlei, diese haben oft wenig zu tun, weil sie noch nichts machen dürfen, sind orthografisch aber meist sehr versiert. Lassen Sie hier Korrekturarbeiten im Fach Deutsch, in internationalen Kanzleien auch in den fremdsprachlichen Fächern durchführen. Verzichten Sie so weit wie möglich auf schriftliche Hausaufgaben Ihrer

Schüler, lassen Sie lieber mündliche Referate, Posterpräsentationen und Rollenspiele durchführen. Die wenigen zur Erstellung der schriftlichen Note notwendigen Aufgaben lassen Sie sich ganz zeitgemäß von Ihren Schülern per E-Mail zuschicken. Jagen Sie diese dann einmal durch Google; die Hälfte brauchen Sie nun nicht mehr zu korrigieren, da es sich um Plagiate handelt, die andere Hälfte stellen Sie anonym in einen passenden Blog (zum Beispiel zum Thema Französische Revolution, Bruchrechnen usw.). Gehen Sie einige Stunden schwimmen, Tennis spielen oder Rad fahren und drucken Sie sich am Abend die Kommentare der anderen User aus. Fertig ist die Korrektur. Spätestens jetzt erkennen Sie sicher auch die Vorzüge der neuen Medien (→ M wie Medien) für den Lehrerinnenberuf.

O wie Oberlehrerin

Sie sind davon überzeugt, dass Sie alles besser wissen? Das ist auch durchaus richtig, denn: Sie sind Lehrerin und damit haben Sie nach bestandenem zweiten Staatsexamen quasi die Lizenz zum Besserwissen. Leider ziert sich Ihre Umwelt jedoch noch etwas, dieses Naturgesetz zu akzeptieren? Macht nichts, wir haben einige gute Ratschläge für Sie, wie Sie mit diesen notorischen Realitätsverweigerern umgehen können.

Stellen Sie sich zunächst folgendes typisches Szenario vor:

Sie sitzen mit Ihrem Partner (Jurist, Mediziner oder Manager) beim Abendessen. Das Thema „Globalisierung“ kommt auf den Tisch. Während Sie davon überzeugt sind, dass diese der Niedergang unserer Gesellschaft, deren kultureller Wurzeln und Umgangsformen ist, schwärmt Ihr Partner davon, dass sein Blackberry auch noch in der afrikanischen Lehmhütte funktioniert und er somit von überall in der Welt zu jeder Tages- und Nachtzeit Kontakt zu Ihnen aufnehmen kann. Wie können Sie ihm nun die Augen öffnen?

QUEEN
OF
KNOW-
LEDGE

1. Reden Sie einfach weiter und werden Sie dabei möglichst immer lauter. Falls er versuchen sollte dazwischenzukommen, machen Sie ihn darauf aufmerksam, dass er sich nicht gemeldet und deshalb auch nichts zu melden hat.
2. Versuchen Sie es mit Argumenten. Halten Sie einen halbstündigen Vortrag über die Risiken und Nebenwirkungen des globalen kulturellen Einheitsbreis. Tun Sie dies mit einer solchen Vehemenz, dass Ihr Partner schließlich von selbst einsieht, dass er Sie nicht mehr mit seinem Blackberry aus dem Busch anrufen möchte.
3. Sagen Sie ihm, dass er sich besser wieder hinsetzen soll und Sie ihm ein „Ungenügend" für seinen Beitrag geben.

Problematisch wird es allerdings, wenn Ihr Partner auch eine Lehrkraft ist, denn dann funktionieren die o.g. Maßnahmen nicht, schließlich haben Sie ja automatisch beide recht.

Darüber hinaus mögen Menschen aus anderen Berufsgruppen dieses eher oberlehrerinnenhafte Verhalten nicht sonderlich – auch wenn es aus Ihrer Sicht durchaus zielführend ist. Bei Ihrem Partner können Sie es unter Umständen auch einmal mit einer etwas banalen Strategie versuchen – wohlwissend, dass diese eigentlich unter Ihrer Würde ist, den Zweck jedoch erfüllt: Holen Sie Ihre roten Stilettos aus der hintersten Reihe Ihres Arbeitszimmerregals und wedeln Sie fesch mit Ihrer Arbeitsclutch, machen Sie Ihr Gegenüber damit quasi willenlos. Das sollte reichen, um auf ganzer Linie und schnell recht zu bekommen.

Ihrem Freundeskreis empfehlen Sie bei einer aussichtslosen Diskussion kurzerhand das Buch von Rolf Dobelli „Die Kunst des klaren Denkens". Erklären Sie, dass Sie, genau wie der Autor, ganz der Meinung sind, dass wenn wir alle unsere Denkfehler vermeiden würden, kurzum, nicht so dumm wären, es allen bald besser gehen würde.

Tipp: *Auf Elternabenden sollten Sie ein oberlehrerinnenhaftes Auftreten grundsätzlich vermeiden. Denn hier geht es ja nicht darum, in irgendeiner Sache recht zu bekommen, sondern die Eltern möglichst schnell wieder loszuwerden. Wenn Ihnen das jedoch sehr schwerfällt, schalten Sie äußere Reize mit Susokukan aus. Bei dieser asiatischen Meditationstechnik zählen Sie konzentriert Ihre Atemzüge. Dies erfordert Ihre ganze Aufmerksamkeit und es bleibt Ihnen somit keine Zeit mehr für Belehrungen, die sowieso keiner hören will.*

P wie Partnerwahl

Ähnlich wie bei Stewardessen und Krankenschwestern hat der Beruf der Lehrerin den Nachteil, dass man immer dann frei hat, wenn der Rest der Welt arbeiten muss. Dies sollte vor allem bei der Partnerwahl mitberücksichtigt werden. Wenn Sie ein eher freiheitsliebender Mensch sind, dann suchen Sie sich zum Beispiel einen Arzt mit Krankenhausschichtdienst aus oder einen Juristen für US-Recht oder einen Investmentbanker einer amerikanischen Bank. Diese beginnen ihren Arbeitstag entsprechend der Zeitverschiebung immer erst dann, wenn Sie bereits fertig sind mit Ihrem Dienst.

Wenn Sie jedoch viel Nähe zu und gemeinsame Freizeit mit Ihrem Partner wünschen, dann sollten Sie bereits im Lehramtsstudium, spätestens aber im Referendariat nach einem potenziellen Lebenspartner aus Ihren Reihen Ausschau halten. Eine Beziehung mit einem Kollegen hat besondere Vorteile. Erstens können Sie Ihre Ferien gemeinsam verbringen, zweitens benötigen Sie nur einen Camper, drittens haben Sie mindestens ein gemeinsames Interesse (Sammeln und Jagen), was die wenigsten Paare von sich behaupten können, viertens können Sie sich über verschiedene Strategien austau-

schen, die das Berufsleben erleichtern (kein Protokoll schreiben müssen, keine Hofaufsicht führen – Achtung, dies funktioniert nur, sofern Sie nicht beide im selben Kollegium sind), fünftens können Sie am Nachmittag ein gemeinsames Hobby pflegen, sofern Sie oder Ihr Partner noch nicht dem Ganztagsschulsystem unterlegen sind, sechstens können Sie auch größere Fingerfoodpartys zum Beispiel an Geburtstagen oder zu sonstigen wichtigen Anlässen so gut wie kostenfrei organisieren (→ H wie Hofaufsicht) und nicht zuletzt gehören Sie im Rentenalter zu den Doppelspitzenverdienern und können sich gemeinsam auf die Kanaren absetzen.

Doch lassen Sie sich von all diesen Vorzügen nicht blenden – das Leben mit einer anderen Lehrkraft hat durchaus seine Schattenseite. Erstens stehen Sie dauerhaft im Konkurrenzkampf: „Oh je, der Jan / die Susi bastelt immer so schöne Osterkarten mit der 2a, da habe ich ja ein richtig schlechtes Gewissen, wenn ich mit der 4b bloß Kreuzworträtsel löse ..." Zweitens können Sie mit einer Lehrkraft als Partner unter Umständen niemals abschalten, da Sie auch nach der Schule noch intensive Fachgespräche führen müssen. Dies ist nicht nur im Sinne der Work-Life-Balance nicht empfehlenswert, auch Ihr Sexualleben wird darunter leiden, dass „Kevin" am Abend imaginär zwischen Ihnen in der Bettritze liegt. Ein drittes Argument gegen eine solche Beziehung ist schließlich das Gehalt. Zwei Lehrkräfte gemeinsam verdienen etwa halb so viel wie ein erfolgreicher Freischaffender im Dschungel der freien Wirtschaft. Kostspielige Hobbys wie Segeln, Reiten oder Skifahren sind bei den hohen Immobilienpreisen in Deutschland nicht mehr drin. Überlegen Sie sich deshalb, ob Sie Ihre Freizeit tatsächlich lieber gemeinsam beim Mensch-ärger-dich-nicht-Spiel zu Hause mit Ihrem Partner auf der noch nicht abbezahlten Terrasse verbringen möchten oder ob Sie am Nachmittag vielleicht doch auf diesen verzichten können und stattdessen lieber mit Ihren Freundinnen golfen gehen. Wenn Sie sich für das zweite Szenario entschieden haben, kann Ihnen die folgende Topliste der Bestverdiener in Deutschland bei der Partnerwahl behilflich sein:

1. Geschäftsführer/Manager (m/w): bis zu 1 000 000 Euro im Jahr – mehr verdient nur ein Spitzensportler oder Hollywoodschauspieler und die sind sehr schwer zu finden ...

2. Jurist (m/w): bis zu 700 000 Euro im Jahr, wenn in einer Großkanzlei tätig; Achtung: Feld-, Wald- und Wiesenanwälte verdienen unter Umständen nicht einmal so viel wie eine Grundschullehrkraft, können Ihnen jedoch bei kleineren und größeren Rechtsstreitigkeiten durchaus nützlich sein. Beachten Sie deshalb hier den geldwerten Vorteil der Beziehung und überlegen Sie, wie viele kostenpflichtige Streitfälle Sie durchschnittlich im Jahr haben und in welchem Themengebiet dies am häufigsten der Fall ist: Wohnung, Verkehr, Staat, Strafrecht (falsche Übertrittsempfehlung)? Suchen Sie dann den entsprechenden Fachanwalt für sich heraus.

3. Arzt (m/w): bis zu 400 000 Euro im Jahr – dies gilt jedoch nur für Chefärzte im richtigen Fach, zum Beispiel Chirurgie, Orthopädie, Augenheilkunde. Fallen Sie nicht auf Kinderärzte herein, diese verdienen im Durchschnitt weniger als Gymnasiallehrkräfte. Ein guter Fang hingegen sind Chefärzte einer Privatklinik mit ästhetischem Schwerpunkt, die verdienen unter Umständen sogar mehr als Manager.

4. Ingenieur (m/w): bis zu 350 000 Euro im Jahr. Achtung: Wussten Sie, dass die Bezeichnung Ingenieur auf das lateinische Wort *ingenium* – Scharfsinn zurückgeht? Ingenieure kann man nur schwer etwas glauben machen – im Zweifel entdeckt ein Ingenieur alles in Ihren geheimen Boxen im Arbeitszimmer,

kittet die Einkerbung in Ihrem Schreibtisch, bringt die Fangnetze unter Ihrer Decke so an, dass Sie nie wieder irgendetwas herausbekommen ...

5. Investmentbanker (m/w): 0 bis 1 000 000 Euro. Investmentbanker, zum richtigen Zeitpunkt bei der richtigen Bank angestellt, sind sicher ein echtes Schnäppchen – allerdings kann sich dies auch genauso schnell ins Gegenteil verkehren, der Kapitalmarkt ist nicht berechenbar, ebenso wenig ist es das Gehalt des Investmentbankers. Gerade deshalb ist aber die Kombination Investmentbanker / verbeamtete Lehrerin optimal, auch wenn sich unter Umständen bei Ausfall seines Gehalts in Ihrem Kühlschrank einiges ändern wird ...

Denkanstoß: Glauben Sie nun wirklich immer noch, dass es ein Zufall ist, dass so viele Grundschullehrerinnen mit einem Juristen oder Mediziner verheiratet sind?

Q wie Quizshow

Die Quizshow ist eine beliebte Unterrichtsaktivität, bei der Schüler im Zeitalter der Popkultur motiviert ihr Halbwissen präsentieren können. Im Internet finden Sie dazu zahlreiche Vorlagen, was sich äußerst positiv auf die Unterrichtsvorbereitungszeit (→ V wie Vorbereitung) auswirkt. Gleichzeitig bieten solche nachgestellten Quizshows der klugen Lehrerin eine optimale Vorbereitung für die eigene Teilnahme an einer echten Fernsehquizshow. Damit haben Sie die Chance, Ihr durchschnittliches Gehalt um ein Vielfaches zu erhöhen, ohne dass Sie dafür einen Antrag auf Nebenverdienst bei Ihrem zuständigen Schulamt stellen müssen. Um an die Fernsehmillionen zu gelangen, müssen Sie jedoch vorab einige wichtige Entscheidungen treffen.

Zunächst haben Sie die Wahl zwischen der Einzelkandidatur oder der Teilnahme mit einem Partner. Wenn Sie sich für die Einzelteilnahme entscheiden, stehen Ihnen der alleinige Gewinn und letztlich auch die Bewunderung Ihres Kollegiums, Ihrer Schüler und deren Eltern zu. Geben Sie Letztgenannten dazu Ihre neue Adresse auf den Kanaren oder in der Karibik bekannt. Bedenken Sie jedoch auch, dass Sie bereits bei der 50-Euro-Frage kläglich scheitern können und damit nicht die Anerkennung, sondern den Spott besagter Personen ernten werden: „Was, du wusstest noch nicht einmal, dass die Klobrille keine Sehhilfe ist???“ Darüber hinaus beschränkt sich Ihr Gewinn maximal darauf, dass Sie die Fahrt- und Hotelkosten von der Steuer absetzen können, wenn Sie die Teilnahme an der Quizshow zuvor als Weiterbildungsreise haben genehmigen lassen. Ein unbestrittener Vorteil der Einzelquizshow sind die drei Joker, die Ihnen zur Verfügung stehen. Neben dem Publikumsjoker und der 50/50-Chance ist vor allem der Telefonjoker ein echter Glücksfall, wenn Sie dafür die richtigen Personen vorab ausgewählt haben. Um hier keine Fehlentscheidung zu treffen, sehen Sie sich die Fragen aus den Quizshows der letzten hundert Sendungen an und überlegen Sie, wer diese wohl am besten beantworten könnte? Sie werden schnell feststellen, dass Ihr Telefonjoker nicht unbedingt ein Akademiker aus Ihrem Familien- oder Freundeskreis sein muss, sondern die Metzgereifachverkäuferin von nebenan oder Ihre Fußpflegerin vielleicht die viel bessere Wahl sein könnte. Oder wer hätte diese Fragen hier wohl am ehesten beantworten können: „Wo sitzt das Filetstück am Rind?“, „Welches Auge kann nicht sehen?“ Um dies herauszufinden, verteilen Sie in Ihrem Umfeld kleine Testbögen mit ausgewählten Fragen. Wer die meisten Fragen in kürzester Zeit beantworten kann, hat sich als Telefonjoker qualifiziert.

Fällt die Wahl hingegen auf die Teilnahme an einer Partnerquizshow, müssen Sie sich zwar den Gewinn teilen, Ihnen stehen aber auch doppelte Kompetenzen zur Verfügung. Bei der Wahl des Teampartners sollte deshalb nicht das Kriterium „Freundschaft“ ausschlaggebend sein, sondern die Chance auf den maximalen Gewinn. Als Grundschullehrerin können Sie alle Fragen zu Märchen, Sagen, Haustieren und den vier Grundrechenarten aus dem Effeff beantworten, aber fragen Sie sich ehrlich, ob Sie auch Fragen zum letzten DFB-Pokal-Spiel, der bevorstehenden Bundestagswahl oder zur Funktionsweise des Otto-Motors beantworten könnten. Ist dies nicht der Fall, sollte Ihr Teamkollege auf jeden Fall sportbegeistert und mindestens Realschullehrer mit der Fächerkombination Physik und Politik sein.

Die größte Gefahr bei der Teampartner-Quizshow stellt zweifelsfrei die Wissenslücke dar. So sind nachweislich bereits Freundschaften darüber zerbrochen, dass einer der Teampartner die entscheidende Frage nicht beantworten konnte. Allerdings kann man sich auf diese Art und Weise auch unliebsame Kollegen vom Hals schaffen, wenn auch unter finanziellen Einbußen.

Die zweitgrößte Gefahr stellt der tatsächliche Gewinn dar. Sollten Sie ein Team mit Ihrem Lebenspartner bilden wollen, obwohl es um Ihre Ehe gerade nicht so gut bestellt ist, ist damit zu rechnen, dass sich Ihre Wege schon vor der Heimreise trennen. Um zu verhindern, dass Sie zwei Wochen später auf Ihrem gemeinsamen Konto einen Direkttransfer auf ein Schweizer Nummernkonto finden, erweitern Sie lieber schon vor der Quizteilnahme Ihren Ehevertrag um folgende Klausel: *Im Falle eines gemeinsamen Gewinns (Lotto, Quizshow, Pferderennen, Kreuzworträtsel) berechnet sich die Aufteilung gemäß der Verteilung der Aufgaben im Haushalt und bei der Kinderbetreuung*. Damit dürften Ihnen als Frau des Hauses etwa 90 Prozent des Gewinns zustehen. Ach-

tung! Schreiben Sie dies nicht in den Ehevertrag, wenn Sie eine Haushaltshilfe oder eine Nanny beschäftigen, denn dann müssen Sie Ihren Gewinn an sie abtreten. Im schlechtesten Fall sind Sie dann nicht nur Ihr Geld und Ihre Nanny, sondern auch noch Ihren Ehemann los, wenn der sich mit der Nanny ins nächste Steuerparadies abgesetzt hat.

R wie Rektor oder Rektorin

Die Kommunikation mit der Schulleitung bedarf grundsätzlich besonderer Sorgfalt. Sie sollten stets bemüht sein, in der Gunst Ihrer Schulleitung zu stehen, um daraus kleinere und größere Vorteile zu erwirken. Die Beziehungspflege beginnt mit einem freundlichen Gruß, wenn Sie demonstrativ Ihre schwere Last tragend in aller Herrgottsfrühe pflichtbewusst und trotzdem guter Dinge an der offenen Tür der Schulleitung vorbeilaufen. Unterschätzen Sie diese wenigen Sekunden des Tages nicht. Sie öffnen Ihnen die Türen spätestens dann, wenn Sie beispielsweise zwei Tage vor Ferienbeginn Ihren Sommerurlaub antreten wollen oder wenn sich mal wieder ein Kollege, der morgens nie einen freundlichen Gruß auf den Lippen hat, über Sie bei der Schulleitung beschwert.

Eine Vorabanalyse der Interessen, Hobbys, kulinarischen Vorlieben und der privaten Lebenssituation der Schulleitung hilft der klugen Lehrerin, immer das passende Gesprächsthema zum richtigen Zeitpunkt auf den Tisch zu bringen und ihr Gegenüber so für sich einzunehmen. Fragen Sie sich auch, welchem Typus Ihre Schulleitung entspricht, um Ihr Verhalten entsprechend anzupassen.

Handelt es sich um einen despotischen Besserwisser? Widersprechen Sie diesem niemals, egal, wie unsinnig seine Aussagen und Vorschläge Ihnen auch erscheinen mögen. Wenden Sie auch hier lieber die asiatische Atemtechnik an (→ E wie Eltern) und bewerben Sie sich schnellstmöglich selbst auf eine Schulleitungsposition.

Oder haben Sie es mit einer inkompetenten Rektorin ohne Durchsetzungsvermögen zu tun? Hier bringt Sie die Atemtechnik nicht weiter, Sie müssen deutlich schwerere Geschütze auffahren. Laden Sie Ihre Schulleitung zu Ihrem nächsten AG-Angebot ein, das da lautet „Stark fürs Leben" oder schenken Sie ihr beim nächsten Kollegiumswichteln Pat Palmers Buch „Die Maus, das Monster und ich". Wenn Sie den Eindruck haben, dass es sich bei Ihrer Schulleitung um ein Phantom handelt, dann haben Sie es offensichtlich mit einem notorischen Schul(leitungs)schwänzer zu tun. Setzen Sie in diesem Falle eine Suchanzeige in Ihrer Regionalzeitung auf oder melden Sie den Vorfall bei „Aktenzeichen XY ungelöst". Sind Sie hingegen ganz froh darüber, dass Ihre Schulleitung Sie niemals mit Anfragen, Aufträgen oder Einladungen zu Teamsitzungen belästigt, vermeiden Sie unüberlegte Aktionen und gehen einfach unbemerkt und ohne bürokratischen Schnickschnack einige Tage früher in den Sommerurlaub.

Um aber überhaupt an den Rektor oder die Rektorin der Schule heranzukommen, müssen Sie erst einmal an der Sekretärin vorbei. Und diese verteigt ihre Schulleitung unabhängig von deren Schwächen wie eine Löwin ihr Junges. Um die Löwin zu zähmen und damit auch die Schulleitung für sich zu gewinnen, hilft am besten die

Strategie des Anfütterns. Bringen Sie der schokoladensüchtigen Vorzimmerdame von Ihrem Wochenend-Städtetrip nach Brüssel feine Pralinés mit und überreichen Sie diese mit den Worten: „Etwas Süßes für die Süße!“ Alternativ können Sie die modebewusste Nachwuchssekretärin mit dem neuesten Fashionkatalog aus Paris oder Mailand kurzzeitig ablenken und sich so den Weg zur Schulleitung erschleichen. Sollte es sich um einen männlichen Sekretär handeln, sind gegebenenfalls eine Heimwerkerzeitschrift, die „11 Freunde“ oder eine Packung Grillwürstchen die bessere Wahl.

S wie Schüler

Ein unumgehbares Übel in Ihrem Beruf sind die Schüler. Anders als Kollegen, denen man im Alltag durch minimalinvasive Maßnahmen geschickt aus dem Weg gehen kann, oder der Rektor, den frau notfalls mit ihren roten Stilettos außer Gefecht zu setzen vermag, sind die Schüler Ihr täglich Brot und letztlich Ihre Daseinsberechtigung.

Darüber mag die einst strebsame, inzwischen frustrierte Lehrerin verzweifeln, die kluge Lehrerin hingegen weiß sich zu helfen, denn sie verfügt über ein ausgefeiltes Repertoire an Selbsterhaltungsstrategien. Dabei erhält das Wörtchen „Schülerorientierung" eine ganz neue Bedeutung, denn, anders als die unerfahrene Berufsanfängerin, die ihren Unterricht brav an Bildungsstandards, curricularen Vorgaben und den VERA-Ergebnissen ausrichtet, orientiert sich die kluge Lehrerin ausnahmslos an ihren Schülern, von denen sie schließlich weiß, dass diese auch nicht freiwillig in einem viel zu kleinen, schlecht belüfteten Raum zusammenkommen, um dort mit anderen Menschen, die ihnen ebenfalls nichts bedeuten, über Goethe, die Welthungerkrise oder den Pythagoras zu fachsimpeln. Die kluge Lehrerin geht daher analytisch, man könnte fast sagen diagnostisch vor. Schon auf den ersten Blick erfasst sie, mit welchem Schülertyp sie es zu tun hat, ordnet diesen in ihren persönlichen Typenkatalog ein und schlussfolgert innerhalb von Sekunden, welche Maßnahmen zu ergreifen sind.

Liebe Leserin, gerne weihen wir Sie in die Geheimnisse einer effizienten Schülertypologisierung ein. Das ist auch gar nicht schwer, denn im Grunde genommen gibt es nur drei Grundtypen, die Sie sich merken müssen. Abweichungen von diesen Erscheinungsformen begegnen Ihnen in Ihrem Berufsleben äußerst selten, und sollten sie doch einmal vorkommen, gibt es auch dafür eine Lösung.

Typ A: Der desinteressierte Schüler kommt äußerst widerwillig in die Schule und möchte im Grunde seines Herzens einfach in Ruhe gelassen werden. Nicht selten erscheint er auch gar nicht in Ihrem Unterricht, was natürlich aus Ihrer Sicht der Optimalfall ist, denn dann müssen Sie sich auch nicht um ihn kümmern. Aber selbst wenn er einmal vor Ort sein sollte, erweist er sich als sehr pflegeleicht. In der Regel ist er dann mit seinem Smartphone oder iPod beschäftigt, sodass Sie ihn einfach ignorieren können. Sollte dies einmal nicht der Fall sein, so platzieren Sie ihn einfach vor Ihrem Klassencomputer. Sie müssen ihm nicht einmal eine Aufgabe geben, der mediale Anreiz genügt ihm völlig, um in seine Welt abzutauchen. Zu dieser Spezies von Schülern gehören erfahrungsgemäß eher die Jungen, daher lohnt sich bei der Vergabe der Klassen vor Schuljahresbeginn Ihr voller Einsatz: Egal wie, angeln Sie sich die Klasse mit dem höchsten Jungenanteil. Damit können Sie zudem noch vor der Schulleitung glänzen, denn allgemein gelten ja Klassen mit hohem Mädchenanteil als pflegeleichter – ahnungslos die Lehrerinnen, die sich über solche Mädchenklassen freuen ...

Typ B: Der kontaktfreudige Schüler ist für Sie ein echter Problemfall, da er bedingungslos darauf trainiert ist, mit Ihnen in Kontakt zu kommen, sei es durch leidige Debatten, kleine Briefchen, die Ihnen zugesteckt werden, oder durch Mitbringsel (Bastelarbeiten, Kuchen, halbtote Tiere, die am Wegrand gefunden wurden), was unerwünschte Arbeit nach sich zieht. Zu dieser Gattung gehören sowohl Mädchen als auch Jungen, wobei die Mädchen eher zu kleinen Geschenken neigen, die Sie immerhin noch für andere strategische Maßnahmen verwenden können, wie beispielsweise die Weihnachtsplätzchen, die Sie an unliebsame Kollegen, an die Sie Ihre Hofaufsicht (→ H) abtreten wollen, weiterverschenken können. Sich die Jungen vom Hals zu halten ist in der Regel weitaus schwieriger, da sie sich mit einem Schulterklopfen nur selten zufriedengeben. Sie wollen Anerkennung in Form von Worten, intensiver Zuwendung und guten Noten (die ihre Eltern von ihnen erwarten). Aber auch hierfür bietet sich eine unschlagbare Lösung an: die kontaktfreudigen, hilfsbereiten Mädchen. Richten Sie Ihre Mädchen darauf ab, die Jungen durch Lob, Feedback und offenkundige Bewunderung quasi mundtot zu machen, und schon haben Sie wieder mehr Zeit gewonnen, um Ihren eigenen Interessen nachzugehen.

Typ C: Die angepasste, strebsame Schülerin ist tatsächlich vornehmlich der weiblichen Gattung zuzuordnen. Sie erscheint nur auf den ersten Blick unproblematisch, da willenlose Anpassung und fehlende Kritikfähigkeit ihre deutlichsten Markenzeichen sind. Im Gegenzug ist sie jedoch auch nicht zum selbstständigen Denken und Handeln in der Lage, sondern giert quasi danach, stets gesagt zu bekommen, was sie zu tun habe. Da ihr Phlegma zumeist mit einer hohen Lesekompetenz gepaart ist, können Sie sich wenigstens diese zunutze machen: Formulieren Sie eine Standardauswahl an Arbeitsanweisungen auf Karten, die Sie bei jeder Gelegenheit aus Ihrer Schublade ziehen können. Zudem bietet sich eine gut ausgestattete Klassenbibliothek an, in der Sie die strebsame Schülerin abstellen können (→ I wie Inklusion). Vergessen Sie dabei aber nicht, eine entsprechende Auftragskarte mitzugeben, denn sonst irrt die Schülerin völlig orientierungslos umher, was Sie im schlimmsten Fall bei Ihren eigentlichen Tätigkeiten (wie etwa dem Blättern in einem Modejournal) nur stören würde.

Sie können sich darauf verlassen, dass Mischungen zwischen diesen drei Typen nur äußerst selten vorkommen. Und dafür gibt es dann, im Sinne einer inklusiven Schule, ja auch noch die besser bezahlte Sonderpädagogin. Schüler, die sich außerhalb dieser Typologie bewegen, sind für Ihre Gesundheit extrem gefährlich (→ B wie Beamtenpension). Hier greift nur eine Strategie: Sie müssen diese Schüler loswerden. Aber seien Sie sorglos, auch hierfür gibt es Lösungen: Klagen Sie entweder der jungen, noch engagierten Kollegin Ihr Leid und Sie können sicher sein, sie wird sich dieser Schüler aufopfernd annehmen. Oder deuten Sie Ihrem Rektor in einem Vier-Augen-Gespräch einen zu erwartenden längeren krankheitsbedingten Ausfall an. Legen Sie dabei lasziv ein Bein über das andere, sodass Ihre, in diesem Fall umsichtig gewählten, schwarzen Pumps (→ D wie Damenschuh) gut zur Geltung kommen. Und dann warten Sie schweigend ab. Der Rest ergibt sich von selbst. Alternativ kontaktieren Sie mehrere hoch engagierte Mütter und machen diese in regelmäßigen Abständen zu Ihren Assistentinnen.

T wie Tasche

Funktion und Bedeutung der Lehrertasche ändern sich zumeist mit ansteigender Zahl an Berufsjahren. Am Anfang reicht *eine* Tasche in der Regel nicht aus. Besonders junge Kolleginnen setzen ihre Gesundheit tagtäglich aufs Spiel, indem sie neben dem obligatorischen 40-Liter-Rucksack eine die Schulter bis aufs Blut einschnürende Schultertasche und diverse bis zum Rand gefüllte Jutetaschen in die Schule transportieren – dies bevorzugt auf dem Fahrrad unter Nichtbeachtung der Helmpflicht. Dies bewahrt Sie garantiert nicht vor der Frühpensionierung mit geringeren Rentenansprüchen.

Die kluge Lehrerin kann darüber nur lächelnd ihren wohlfrisierten Kopf schütteln, denn über dieses Stadium ist sie längst hinaus. Stattdessen blickt sie auf ein gut sortiertes Sortiment an Taschen und Täschchen, aus dem sie je nach Anlass, Befindlichkeit und geplante Nachmittagsprogramm (→ N) auswählt. Natürlich spielt auch die Farbe der Schuhe (→ D wie Damenschuh) eine Rolle bei der Auswahl der Tasche. Beides sollte unbedingt miteinander harmonieren; das senkt das Aggressionspotenzial Ihrer Schüler nachweislich und lässt Sie in den Augen Ihrer (zumeist männlichen) Schulleitung als kompetent erscheinen. Haben Sie einmal darauf geachtet, welche Ihrer weiblichen Kollegen die gut bezahlten Funktionsstellen erhalten? Genau! Diejenigen mit der am besten äußerlich zur Schau gestellten *Ich-bin-die-Beste-Inszenierung*. Und da spielt neben dem Schuhwerk die Tasche eine nicht unwesentliche Rolle.

Wenn Sie in der Schule Karriere machen, also Schulleiterin, Seminarleiterin oder Schulrätin werden wollen, darf das Gehalt bei der Wahl Ihrer Tasche keine Rolle spielen. Grundsätzlich sollten Sie jedoch vor dem Kauf gut abwägen, zu welchen Zwecken Sie Ihre Tasche nutzen wollen. Soll die Tasche vor allem ein farblicher Hingucker sein, der lediglich Ihre Notfall-Nachschmink-Utensilien (Abdeckstift, Rouge, Kajal, Wimperntusche, Lippenstift oder Lippgloss), ein paar Tampons und Ihr Smartphone enthält, so genügt im Grunde eine Clutch. Um den Anschein einer Arbeitstasche zu wahren und diese auch steuerlich absetzen zu können, empfehlen wir beispielsweise ein Clutch-*M*odell aus Leder (langlebig) oder Lederimitat (abwaschbar). Diese gibt es in den drei Varianten elegant, neutral und frisch; wählen Sie die, die am besten zu Ihrem Unterrichtsstil passt. Nicht zu unterschätzen sind Clutches mit Tragehenkel, den Sie sich ums Handgelenk binden können – dies ist vor allem bei konfliktträchtigen Hofaufsichten (→ H) günstig.

Haben Sie im Anschluss an Ihren Schulvormittag noch ein umfangreiches Nachmittagsprogramm vor sich, beispielsweise Golfen mit einem potenziellen Lebenspartner oder einen Shoppingbummel mit Ihrer Freundin, sollten Sie schon am Morgen auf eine Bowling- oder Shoppingbag zurückgreifen. Beachten Sie dabei zwei Dinge:

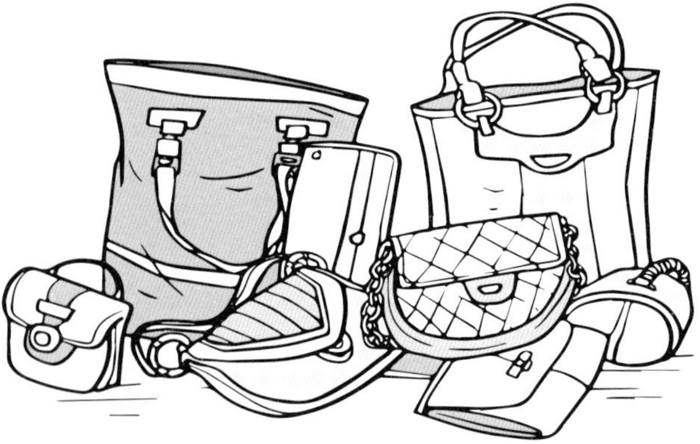

1. Der Golfschläger bleibt im Auto. Ansonsten besteht die Gefahr, dass Sie für einen Amokläufer gehalten und umgehend niedergestreckt werden, wenn Sie mit einer Tasche die Schule betreten, aus der ein undefinierbarer Stock herausragt. 2. Ist am Nachmittag eine Shoppingtour vorgesehen, so bleibt die Tasche morgens, bis auf die Geldbörse, so schwer es Ihnen auch fällt, leer. Es werden keine Ersatzschuhe, keine Wechselbluse und kein Zweitblazer mitgenommen. Das können Sie am Nachmittag alles kaufen. Wenn Sie einen Schultag mit vielen Hofaufsichten vor sich haben und daher die Gelegenheit günstig ist, Ihr Arbeitszimmer (→ A) mit weiteren Sammelobjekten anzureichern, gibt es eigentlich nur zwei Möglichkeiten, entweder eine Hobo oder eine Oversized-Bag. Beide halten nicht unbedingt zur Ordnung an, versprechen aber ein überdurchschnittliches Füllvolumen.

Egal, für welche Tasche Sie sich entscheiden, um der Schulleitung ihren romantischen Glauben zu lassen, dass eine praktikable Lehrertasche mit gutem Unterricht einhergeht, deponieren Sie eine Vorzeigetasche, am besten aus schwerem, braunem Leder, neben Ihrem Lehrerpult. Nehmen Sie diese mit in Lehrerkonferenzen oder zu Gesprächsterminen mit der Schulleitung, natürlich nicht, ohne ein wenig unter der schweren Last zu stöhnen.

Ein guter Tipp zuletzt: *Nehmen Sie NIEMALS eine durchsichtige Tasche mit in die Schule – selbst wenn es sich dabei um den aktuellen Sommertrend handeln sollte. Nur Frauen, die nichts zu verbergen haben, können sich eine solche Tasche erlauben – und wer kann das schon von sich behaupten?*

U wie Unterricht

Auch wenn Sie dies aufgrund der vielen anderen Tätigkeiten, die Sie als Lehrerin erledigen müssen, wie zum Beispiel die Teilnahme an Konferenzen, Fortbildungen, Arbeitsgruppen, Klassenfahrten usw., vielleicht aus dem Blick verloren haben: Der Unterricht bildet den eigentlichen Kern des Lehrerinnenberufes. Die Anzahl der Unterrichtsstunden variiert je nach Lehramt zwischen 25 und 28. Zudem müssen all diese Stunden nach den Vorgaben des schulüblichen Qualitätsmanagements nicht nur durchgeführt, sondern auch noch vorbereitet, reflektiert und evaluiert werden. Dies mag auf den ersten Blick äußerst arbeitsintensiv erscheinen, lassen Sie sich davon jedoch nicht abschrecken. Denn: Die Unterrichtsstunden im Klassenzimmer eröffnen Ihnen auch ungeahnte Möglichkeiten der Selbstverwirklichung. Sie wollten schon immer mit Aquarellfarben schöne Landschaftsbilder für Ihr Ferienhaus in der Provence malen? Warum nicht die nächste Kunststunde dazu verwenden? Sie haben Interesse an exotischen Sprachen wie Kiswahili, Norwegisch oder dem ostfriesischen Platt? Das Bildungsziel Mehrsprachigkeit erlaubt Ihnen die Durchführung eines individuell auf Sie zugeschnittenen Sprachkurses und erspart Ihnen damit den Gang zur VHS. Haben Sie den Schluss des letzten Tatorts aufgrund zu diffiziler Bastelarbeiten verpasst? Macht nichts! Nutzen Sie Ihre nächste Deutschstunde einfach zur Filmanalyse, so sind die Schüler sinnvoll beschäftigt und Sie finden doch noch heraus, wer der Mörder war. Insgesamt bietet Ihnen die Aufnahme des Kompetenzbereichs „Medien" (→ M) in die Kerncurricula vielfältige Gestaltungsmöglichkeiten. So können Sie noch im Unterricht Weihnachtsgeschenke und Bücher bestellen, E-Mails an Freunde schreiben und Ihr Onlinebanking erledigen.

Machen Sie sich auch den Inklusionsgedanken zunutze (→ I wie Inklusion). Schließen Sie alle Kinder ein und agieren Sie selbst nun ganz im Sinne des offenen Unterrichtsprinzips: Jeder lernt gemäß seinen Interessen, seinen Fähigkeiten und Potenzialen. Schließen auch Sie sich ein und fragen Sie sich: Was sind meine Interessen? Welche Fähigkeiten und Potenziale habe ich, die ich gerne weiter ausbauen möchte? Würden Sie gerne mal

wieder in Ruhe ein Buch lesen? Dann schließen Sie sich am besten im Schulkrankenzimmer ein, dort gibt es auch eine Liege. Oder möchten Sie sich lieber für den nächsten Marathon fit machen? Dann schließen Sie sich lieber im Kraftraum oder in der Turnhalle ein.

Sicher haben Sie spätestens jetzt die vielen positiven Seiten des Unterrichtens erkannt. Doch herrscht leider nicht jeden Tag eitel Sonnenschein. So wird Ihr kreativ und frei gestalteter Unterrichtsmodus durch in regelmäßigen Abständen durchgeführte Unterrichtsvisitationen gestört. In der Regel bedeutet dies, dass eine Meute externer und interner Besserwisser wie Schulinspektoren, Rektoren, Konrektoren, Studienleitungen, Beratungslehrkräfte, Referendarinnen und im schlimmsten Falle Elternbeiräte Ihren Klassenraum belagern. Damit wird Ihre Unterrichtsgruppe nun noch heterogener, als sie es sowieso schon ist. Neben den hyperaktiven Schülern, den Lese-Rechtschreib-Schwachen und der Dominique-Chantal-Fraktion haben Sie jetzt auch noch Frau Dr. Spitzfindig, Herrn Oberstudienrat Schaugenau und Fräulein Fragmalnach zu inkludieren. Da Letztgenannte aber nur punktuell Ihrem Unterricht beiwohnen, lassen sie sich auch nicht wirklich gut einschließen. Um den hierdurch entstehenden Störfaktor möglichst gering zu halten, überlegen Sie sich schon vor Unterrichtsbeginn, wie Sie die Damen und Herren zufriedenstellend beschäftigen können. Dazu bietet sich eine Unterrichtsstunde zum Thema internationale Gesetzgebung an. Damit schlagen Sie gleich mehrere Fliegen mit einer Klappe. Erstens können Sie den Unterricht mehrsprachig gestalten, indem Sie die Originalgesetzestexte verwenden. Damit versteht mindestens einer Ihrer Gäste schon mal nur die

Hälfte – würde dies aber niemals zugeben und findet Ihre Stunde deshalb auf jeden Fall super. Zweitens können Sie die Schüler hier in heterogenen Leistungsgruppen arbeiten lassen und die Gäste entsprechend zuteilen. Setzen Sie Fräulein Fragmalnach in die Gruppe mit Schülerinnen des Typs C (→ S wie Schüler). In dieser Gruppe werden Fragen zu den hundert sinnlosesten Gesetzen der Welt formuliert: Ist es wirklich notwendig, dass es in Großbritannien ein Gesetz gibt, das es Frauen verbietet, in öffentlichen Verkehrsmitteln Schokolade zu essen? Ergibt es Sinn, ein Gesetz zu haben, dass man sich in französischen Zügen nicht küssen darf?

Herrn Oberstudienrat Schaugenau platzieren Sie am besten in die Gruppe der Lese-Rechtschreib-Schwachen, die die Aufgabe erhält, folgenden Gesetzestext fehlerfrei abzuschreiben:

„Aus dem Schulgesetz für das Land Nordrhein-Westfalen (Schulgesetz NRW – SchulG) vom 15. Februar 2005 (GV. NRW. S. 102), zuletzt geändert durch Gesetz vom 13. November 2012
Erster Teil, allgemeine Grundlagen:
(8) Der Unterricht soll die Lernfreude der Schülerinnen und Schüler erhalten und weiter fördern. Er soll die Schülerinnen und Schüler anregen und befähigen, Strategien und Methoden für ein lebenslanges nachhaltiges Lernen zu entwickeln. Drohendem Leistungsversagen und anderen Beeinträchtigungen von Schülerinnen und Schülern begegnet die Schule unter frühzeitiger Einbeziehung der Eltern mit vorbeugenden Maßnahmen.“

Frau Dr. Spitzfindig ordnen Sie der Gruppe der Hochbegabten zu. Diese Gruppe erhält den Auftrag, einen eigenen Gesetzentwurf zu formulieren zum Thema: Rechtliche Grundlagen für die Bewertung guten Unterrichts.

Geben Sie eine entsprechende Ideensammlung nach Ihren Wünschen vor und empfehlen Sie Ihren strebsamsten Schüler für die Endkorrektur. Nehmen Sie diesen Entwurf später mit zum Evaluationsgespräch. Einer positiven Bewertung Ihres Unterrichts steht nun wohl nichts mehr im Wege.

V wie Vorbereitung

Die gute Nachricht vorweg: Die Zeit, die Sie für die Unterrichtsvorbereitung benötigen, nimmt graduell zu Ihrem Dienstalter ab, während Ihr Gehalt unabhängig von der Unterrichtsqualität ansteigt. In Abhängigkeit dazu verändert sich Ihre Schulausstattung ganz in Ihrem Sinne. Das Arbeitszimmer (→ A) können Sie, wenn Sie es geschickt angehen, schon nach kürzester Zeit in ein Multifunktionszimmer umwandeln, was entweder für den brasilianischen Tanzlehrer oder für ein kombiniertes Schuh-Handtaschen-Wellness-Zimmer spricht. Ihre Jagd- und Sammelleidenschaft können Sie folgerichtig nun auf die wichtigen Dinge des Lebens ausrichten; Sie haben ja nun wieder Platz für Ihre diversen Schnäppcheneinkäufe. Außerdem haben Sie die einmalige Chance, Ihre Schultasche Ihrer Unterrichtsvorbereitung anzupassen, ganz gemäß dem Motto: kleine Vorbereitung, kleines Täschchen. Das ermöglicht Ihnen zudem einen nahtlosen Übergang vom Schulvormittag, den Sie irgendwie herumkriegen müssen, zum freizeitorientieren Nachmittagsprogramm (→ N), das ohnehin von Ihnen erwartet wird.

Gehen wir aber zunächst von dem Fall aus, dass Sie sich noch in der misslichen Lage befinden, Ihren Unterricht vorbereiten zu müssen, da Sie noch über zu wenig Berufserfahrung verfügen, eine Schulinspektion ansteht oder eine engagierte Mutter unbedingt in der Klasse ihres Kindes hospitieren möchte, um sich einen Einblick in Ihr pädagogisches Lehrkonzept zu verschaffen, so ist Folgendes zu beachten: Fehlende Berufserfahrung können Sie durch Anleihen aus den Unterlagen eines Kollegen oder durch Ausflüge in Freizeitparks – die Schüler werden es Ihnen danken – wettmachen. Außerdem gibt es ja noch zahlreiche Internetseiten, die Ihnen fertige Unterrichtspläne anbieten. Das Ausdrucken dergleichen überlassen Sie der Sekretärin Ihres Lebenspartners – → P wie Partnerwahl! – oder noch besser, Sie lassen sich die Unterlagen auf Ihr Smartphone senden, dieses schließen Sie zu Unterrichtsbeginn an den Beamer an und der Unterricht läuft quasi von allein. Ihrem Schulleiter verkaufen Sie das Ganze als medienintegrativen Unterricht, bei dem die Schüler ihre motivationalen, volitionalen und sozialen Bereitschaften und kognitiven Fähigkeiten weiterentwickeln sollen – ganz im Sinne der hiesigen Bildungsstandards.

Anders verhält es sich, wenn ein Unterrichtsbesuch bevorsteht. Aber seien Sie auch hier unbesorgt, denn es geht dabei weniger um den Lernerfolg der Schüler als vielmehr um die Befriedigung des jeweiligen Besuchs. Diesen sollten Sie allerdings genau kennen, weshalb Sie im Rahmen Ihrer Vorbereitung weniger den Unterricht fokussieren, sondern vor allem die Interessen und Bedürfnisse Ihres Gastes. Beispielsweise erfreuen kleine Gastgeschenke, wie ein farblich abgestimmter, dezenter Lippenstift zum hellgrauen Kostüm, die gestresste Anwaltsmutter, die eigentlich gar keine Zeit für einen

Unterrichtsbesuch hat, jedoch von ihrem ehrgeizigen Mann vorgeschickt wurde, der erst recht keine Zeit für solche Kinkerlitzchen hat. Beruflich eingespannte, erfolgreiche und daher selbstgefällige Männer, die wiederum von ihren notorisch nörgelnden, unterbeschäftigen Ehefrauen mit den Worten „Es ist auch dein Sohn!" vorgeschickt werden, sind schon mit einem Espresso und einer Financial Times zufriedenzustellen. Hier lohnt sich zudem wieder einmal der gezielte Einsatz der roten Stilettos, der den unterjochten Gatten ein gewisses und doch zugleich überschaubares Maß an Abenteuer suggeriert.

Spätestens jetzt werden Sie erkannt haben, dass die Unterrichtsvorbereitung eine zu Unrecht überschätzte

Appendix vermiformis[2] ist. Es geht also gar nicht so sehr darum, den Unterricht vorzubereiten, sondern vielmehr darum, selbst gut vorbereitet zu sein, um sich das Leben als Lehrerin genussvoll zu gestalten. Diese Art der Vorbereitung beginnt mit der Berufswahl, schließt unbedingt die Partnerwahl ein, umfasst selbstverständlich die Freizeit- und Urlaubsgestaltung und endet nicht zuletzt bei der Wahl der passenden Wohnung, womit wir schon bei unserem nächsten Punkt wären.

---

[2] Ja, die kluge Lehrerin ist entweder mit einem Chirurgen liiert, der ihr nun aus der Patsche helfen kann, oder nutzt das Internet – Wikipedia sei Dank!

W wie Wohnung

Eine adäquate Wohnung zu finden ist sicherlich keine leichte Aufgabe für eine Lehrerin. Als DLP (Doppellehrkraftpaar) benötigen Sie neben Küche und Bad schon mal zwei Arbeitszimmer. Wenn Sie jetzt noch ein Wohnzimmer möchten, zwei Kinder haben und selbst nicht im Flur schlafen wollen, dann landen Sie auf einen Schlag bei mindestens sechs Zimmern oder 140 qm Wohnfläche. So leid es uns tut, aber so viel Wohnraum können Sie sich als europäische Lehrerin nicht leisten, es sei denn, Sie arbeiten irgendwo im ländlichen Niemandsland oder in Sachsen-Anhalt. Wenn Sie bereit sind, diesen Fakt ohne Murren zu akzeptieren, kaufen Sie sich das Themenheft „Kleine Räume riesig nutzen“ der Schöner-Wohnen-Zeitschriften oder die GEO „Leben wie die Eskimos“ und lernen Sie, wie man es sich auch auf engstem Raum mit vielen Menschen, Büchern, Ordnern und Tonpapier gemütlich machen kann. Wenn Sie aber nur ungern auf ausreichend Platz verzichten und weder Ihren Partner austauschen noch Ihre Kinder zur Adoption freigeben möchten, müssen Sie sich entweder einen anderen Job suchen, etwas erben, Lotto spielen, bei einer Quizshow (→ Q) gewinnen oder bei Ikea einziehen. Letzteres hat den Vorteil, dass Ihnen dort mehr als zwei

Arbeitszimmer zur Verfügung stehen und Sie diese je nach Stimmung oder vorzubereitendem Unterrichtsfach wechseln können (Arbeitszimmer *Knobel* für die Mathestundenplanung, Arbeitszimmer *Hoppala* für die Vorbereitung der Sportstunde oder das Arbeitszimmer Bø für die Erdkundestunde). Zudem müssen Sie nie mehr kochen, das Essen bei Ikea ist günstig und abwechslungsreich, und Ihre Kleinkinder können Sie kostenfrei im Smøland betreuen lassen. Der Umzug ins schwedische Möbelhaus hat also vielerlei Vorteile. Allerdings gibt es auch hier einige Nachteile, die mitberücksichtigt werden müssen. Für Paare, die zum Beispiel nicht gerne Besuch bekommen oder ungestört arbeiten möchten, sollte die Möbelhauswohnvariante nicht die Wohnvariante erster

Wahl sein, denn Sie müssen mit regem Besuch von montags bis freitags zwischen 9 und 22 Uhr rechnen. Zudem liegen die Einrichtungshäuser meist direkt an der Autobahn. Wer auf ruhige Nachbarschaftstreffen im eigenen Garten oder auf dem Balkon nicht verzichten will, sollte also nach einer anderen Lösung suchen. Eine Option böte sich unter Umständen mit einem kombinierten Job als Lehrerin-und-Hausmeister-Paar. Sie wohnen direkt an der Schule, sparen sich somit eine weite Anreise und haben ausreichend Stauraum. Allerdings haben Sie bei dieser Variante auch einen 24-Stunden-Job, was bedeutet, dass Sie eigentlich keine Wohnung mehr benötigen.

Als alleinstehende Lehrerin haben Sie es etwas einfacher, eine gute Wohnung zu finden, schließlich benötigen Sie deutlich weniger Zimmer. Wenn Sie sich in Metropolen wie München, Frankfurt, Hamburg oder Stuttgart dennoch keine Zweizimmerwohnung leisten können, dann stellen Sie sich mit einem Ihrer Nachbarn gut. Unter Umständen können Sie dessen Arbeitszimmer dann mitnutzen. Oder bezirzen Sie den Hausmeister, dass er Ihnen den Kellerraum trockenlegt und beheizt.

Ob Singlelehrerin oder Lehrerpaar, mit Bedacht gewählt werden sollte in jedem Fall die Lage Ihrer Wohnung. Denken Sie immer daran, je näher Sie an der Schule wohnen, umso größer ist die Gefahr, dass Sie in Ihrer Freizeit Schülern und Eltern begegnen. Dies bedeutet: keine Alkoholexzesse in der Kneipe um die Ecke, keine Beziehungsdramen auf dem Balkon und vor allem keine lautstarken Wortgefechte mit Ihren pubertierenden Kindern auf der Straße. Auch sind Sie unter Umständen dazu gezwungen, für Alltagseinkäufe Ihren Aktionsradius zu erweitern – Sie gelangen sonst schnell in Rechtfertigungssituationen wie: „Hallo, Frau Meier – hui, Sekt und Rinderfilet – na, kommt Besuch heute Abend?“ Oder Sie werden zum Schulgespräch auf dem Pausenhof: „Du, keinen Scheiß – ich glaub, die Frau Meier hat ihre Tage. Die hat gestern im Drogeriemarkt drei Packungen Tampons gekauft ...“

Die Nähe zur Schule hat jedoch auch Vorteile. So können Sie morgens länger schlafen, für Ihr Mittagsschläfchen schnell nach Hause gehen und vergessene Unterrichtsmaterialien oder Pausenbrote von Ihrem Partner oder Mitbewohner in die Schule bringen lassen.

Da Sie aber circa 90 Tage Ferien haben (die gesetzlichen Feiertage nicht mitberücksichtigt), ist es im Grunde genommen gar nicht so wichtig, wie Sie wohnen. Denn die meiste Zeit im Schuljahr werden Sie ohnehin in Hotels, Ferienwohnungen oder in Ihrem Wohnwagen verbringen.

X für U

macht Ihnen keiner vor. Denn als Lehrerin lautet Ihre oberste Prämisse: Kenne deine Schüler (→ S). Ähnlich wie eine Profilerin sollten Sie sich bereits am Anfang eines Schuljahres die Schülerakten genauestens ansehen. Lernen Sie nicht nur die Vor- und Nachnamen Ihrer Schüler auswendig, sondern auch die aller Eltern beziehungsweise Erziehungsberechtigten, auch wenn dies unter Umständen bedeutet, dass Sie sich bei 32 Schülern in der Klasse bis zu 1200 Vor- und Nachnamen inklusive Doppelnamen einprägen müssen. Basteln Sie sich ein Memory- oder ein Dominospiel und üben Sie ein paar Abende damit. Sie werden sehen, dies zahlt sich spätestens bei der Rückgabe der nächsten Klassen arbeit aus, wenn einige Ihrer Schüler die Unterschriften ihrer Eltern gefälscht haben und versehentlich einen Rechtschreibfehler im Vornamen des Vaters eingebaut haben oder den Doppelnamen der Stiefmutter in der verkehrten Reihenfolge imitiert haben – *Sie* werden dies auf jeden Fall erkennen.

Von Vorteil ist es auch, wenn Sie alle Geburtsdaten der Familienangehörigen Ihrer Schüler, am besten bis zu den Großeltern und inklusive aller Haustiere, mitaufnehmen.

Sie werden Ausreden wie „Ich konnte meine Hausaufgaben nicht machen, weil wir bei meiner Oma auf dem hundertsten Geburtstag waren“ oder „Ich bin heute zu spät gekommen, weil mein Goldfisch gestorben ist“ beziehungsweise umgekehrt sofort als solche enttarnen.

Neben gefälschten Unterschriften oder faulen Ausreden sind es jedoch vor allem die Täuschungsmanöver der Schüler bei Tests und Klassenarbeiten, die Sie als kluge Lehrerin unbedingt aufdecken müssen, um den Respekt Ihrer Schüler zu wahren. Dass ein Schüler abschreibt, erkennen Sie schon aus der Ferne an seinem arrhythmischen Schreibverhalten. Exzessive Schreibphasen wechseln sich mit ausgedehnten In-der-Gegend-herumschauen-und-nix-tun-Phasen ab. Haben Sie dieses Verhalten bei einem Schüler entdeckt, beobachten Sie ihn ausgiebig weiter. Festnehmen können Sie ihn letztlich erst dann, wenn Sie handfeste Beweise gegen den Verdächtigen vorliegen haben. Suchen Sie deshalb nach der Tatwaffe in Form von Spickzetteln im Mäppchen, auf dem Oberschenkel, in der Handinnenfläche oder im Ärmel. Mit ein wenig Übung werden Sie bald ein detektivisches Gespür für diese und schwierigere Verstecke und Tarnungen entwickelt haben. Sie werden auch wissen, dass Verbände und Gummibärchentüten nicht immer das sind, was sie zu sein vorgeben, und dass zweisprachige Taschentücher ebenso wenig zufällig in den Fremdsprachenunterricht gelangt sind wie Wasserflaschen mit Formelsammlungen auf dem Etikett.

Viel schwieriger nachzuweisen sind jedoch Täuschungsversuche Ihrer Schüler mit ihren Handys oder sonstigen elektronischen Geräten mit glatter Oberfläche. Ihre Besitzer können diese in unbeobachteten Momenten einfach aus der Schul- oder Hosentasche herausgleiten und ebenso schnell wieder verschwinden lassen. Ihre Lernerfolgskontrollen beginnen deshalb ab sofort grundsätzlich damit, dass Ihre Schüler alle elektronischen Geräte zu Stundenbeginn bei Ihnen abgeben. Stellen Sie dazu – wie am Flughafen – an der Eingangstür graue Boxen bereit, in welche die Schüler diese hineinlegen können. Wenn Sie einen guten Draht zu Ihrem nächsten Flughafen haben, versuchen Sie an ausgediente Durchleuchtungsschleusen zu kommen und stellen diese hinter der

Eingangstür auf. Lassen Sie die Schüler dann durch die „Sicherheitskontrolle" zu ihren Plätzen zurückkehren. Sollten Sie vom Flughafen kein Gerät bekommen, versuchen Sie es bei eBay oder fragen Sie Ihren Arzt oder Apotheker. Sollte dies auch nicht zielführend sein, nehmen Sie bei Ihrem nächsten Flug einfach ein Piepgeräusch an der Sicherheitskontrolle mit Ihrem Handy auf. Scannen Sie Schüler, die kein Handy abgegeben haben, oder solche, denen ein Zweithandy zuzutrauen ist, ab und behaupten Sie, Sie hätten eine Metalldetektoren-App, die es nur für Lehrkräfte gibt. Spielen Sie dann das Piep-Geräusch bei der ersten „Sicherheitskontrolle" eines beliebigen Schülers ab. Lassen Sie sich das nicht abgegebene Gerät aushändigen. – Sollte der Schüler wirklich nichts mehr in den Hosentaschen haben, schieben Sie es auf Reißverschlüsse, Münzen oder die Gürtelschnalle. Auf jeden Fall wird sich keiner mehr trauen, ein Handy in der Hosentasche zu belassen.

Sollte dies einem Schüler trotz all dieser Maßnahmen dennoch gelingen und Sie erwischen ihn beim Abschreiben, überlegen Sie sich genau, welche Strafen Sie verhängen wollen. Schöne Alternativen zur sofortigen Abnahme der Arbeit oder Elternbenachrichtigungen sind Kuchenbacken nach Wahl, Rasenmähen, Autowaschen oder kleinere Renovierungsarbeiten rund ums Haus, denn diese bescheren Ihnen einen weiteren freien Nachmittag, und den haben Sie sich nach der ganzen Ermittlungsarbeit schließlich verdient.

Y wie Yes! I can do it!

Das Ypsilon ist grundsätzlich ein problematischer Buchstabe. Ob Abc-Gedichte oder Anlauttabelle, immer scheitert es am Y. Sollten Sie Ideen zum Buchstaben Y haben, senden Sie uns diese deshalb bitte zu. Denn wir sind davon überzeugt: *Yes! YOU can do it!*
Als Lehrerin haben Sie es nämlich täglich mit vielen Herausforderungen zu tun. Manchmal mögen Sie durchaus zweifeln, ob Sie all diesen gewachsen sind. Aus dem Buddhismus wissen wir, dass positives Denken manche Hürde aus dem Weg räumen kann. Überzeugen Sie sich deshalb einfach stets aufs Neue davon, dass Sie alles schaffen können, wenn Sie nur wollen. Um Ihnen diese positive Grundstimmung etwas zu erleichtern, empfehlen wir Ihnen, die folgende Liste zweimal groß zu kopieren und sich über das Bett und ins Klassenzimmer zu hängen. Immer wenn Sie dann in Zweifel geraten, stellen Sie sich einfach vor den Spiegel und sagen sich – ähnlich wie Barack Obama dies bei seiner Wahl zum Präsidenten getan hat: YES! I CAN DO IT!

Es ist 6.00 Uhr und der Wecker klingelt. Ich glaub, ich dreh mich lieber nochmal um!

YES! I CAN DO IT!

Ich habe die Regel nun schon vierhundertmal erklärt und sie haben es immer noch nicht begriffen. Ich glaube, ich nehme ein Sabbatjahr ...

YES! I CAN DO IT!

Ich muss heute doch das Protokoll in der Lehrerkonferenz übernehmen. Und das auch noch, wo es um die

Entscheidung für oder gegen den koedukativen naturwissenschaftlichen Unterricht geht. Ich glaub, ich stürze mich vom Fahrrad ...

YES! I CAN DO IT!

Es ist erst Monatsmitte und es ist kaum noch etwas von meinem Gehalt übrig. Das Wellnesswochenende auf Sylt kann ich mir wohl aus dem Kopf schlagen ...

YES! I CAN DO IT!

Heute regnet es und ich habe Hofaufsicht. Ich glaub, ich geh einfach nicht hin ...

YES! I CAN DO IT!

Auf dem bevorstehenden Elternabend geht es um die letzte Klassenarbeit mit einem Notendurchschnitt von 3,7. Ich glaube, ich bekomme Migräne ...

YES! I CAN DO IT!

Wie verklickere ich meiner Schulleiterin, dass ich erst eine Woche später aus den Sommerferien zurückkommen werde? Ach – ich komme wohl besser gar nicht zurück ...

YES! I CAN DO IT!

Das Finanzamt verlangt von mir eine ausführliche Stellungnahme zu meiner Dienstreise zur Quizshow auf Mallorca. Ich glaub, ich stell mich tot ...

YES! YOU CAN DO IT!

Z wie Zeugnisse schreiben

Einer der größten Feinde der Erholungsphase ist das halbjahreszeitlich wiederkehrende Schreiben der Zeugnisse. Klar im Vorteil sind Sie hier, wenn Sie lediglich als Fachlehrerin, am besten ein- und dasselbe Fach in verschiedenen Klassen, unterrichten. Besonders zeugnisfreundliche und damit freizeitorientierte Fächer sind: Sport, Mathematik, Kunst und Religion, wobei Religion insofern heikel ist, als gewisse Formulierungen wie „verfügt über ein biblisches und religiöses Grundwissen" gerade an multikulturellen Schulen schnell die Elternbeiräte auf den Plan rufen – und einen außerordentlichen Elternabend, der Sie um Ihre wohlverdiente Abendgestaltung bringt.

Generell ist zwischen Noten- und Verbalzeugnissen zu unterscheiden, was in jedem Fall für eine Beamtenlaufbahn an einer weiterführenden Schule spricht. Grundsätzlich gilt es, eine Anstellung an einer Waldorf- oder Montessorischule zu umgehen, die Ihnen nicht einmal die Vorteile des Beamtentums sichert. Ganz ohne ersichtliche Notwendigkeit laufen Sie dann nämlich Gefahr, nicht nur ausführliche, auf jeden Schüler zugeschnittene, schriftliche Beurteilungen bis zur Schulentlas-

sung zu verfassen, Sie müssen dies in aller Regel auch noch mit einem Füllfederhalter und ohne den Einsatz eines Tintenkillers tun. Es gibt bislang keine Statistik zur Suizid-, Scheidungs- und Berufswechslerrate bei Waldorf- und Montessorilehrern während der Zeugnisphase, aber schauen Sie sich einmal genauer in Ihrem (pädagogischen) Bekanntenkreis um, dann werden Sie feststellen, dass Sie entweder keine Waldorf- und Montessorilehrer kennen oder den Kontakt zu diesen vor geraumer Zeit abgebrochen haben, weil sie im Bio-Restaurant dauernd nach einer Tüte voll Weinkorken fragen oder in Ihrem Nachbargarten heimlich Tannenzweige abschneiden.

Widmen wir uns nun aber zunächst den geplagten Grundschul- und Sonderschullehrerinnen, die mehrheitlich genötigt sind, Verbalzeugnisse zu verfassen. Sollten

Sie sich einst aus dem naiven Interesse an Bastelarbeiten bei sonntäglichem Tatort-Sehen oder einem fehlgeleiteten Helfersyndrom für das falsche Lehramt entschieden haben und auch keine Aufstiegsmöglichkeiten zur Schulleiterin sehen, die lästige Aufgaben bei Bedarf delegieren kann, so müssen Sie halt das Beste aus Ihrer Situation machen. Um den Aufwand fürs Zeugnisschreiben auf ein Minimum zu reduzieren, gilt es, folgende Grundregeln einzuhalten:

1. Verwenden Sie möglichst unkonkrete Textbausteine, wie „zeigt Interesse“ oder „ist schon in der Lage ...“, die sowohl unspezifisch für alle Schüler als auch für jedwedes Unterrichtsfach gebraucht werden können. Sie verhindern so endlose Debatten mit Eltern, die ihren Kevin oder ihre Ann-Josephine ungerecht beurteilt sehen. Formulierungen, die Sie stets aufs Neue verwenden können, sind: „... hat sich in diesem Schuljahr sehr bemüht“, „... hat ihre/seine Leistung verbessert“, „... war stets aufmerksam gegenüber ihren/seinen Mitschülern“.

2. Reihen Sie möglichst lange, verschachtelte Textbausteine aneinander, bei denen Sie sicher sein können, dass niemand sie mehr versteht. So können Sie gewiss sein, dass die Mehrheit der Eltern vor einem persönlichen Gespräch zurückschreckt – es sei denn, es handelt sich um Juristen, die hinter jeder Formulierung eine Falle vermuten. Dem können Sie entspannt und mit Grazie entgegenwirken, indem Sie die Eltern den Zeugnistext ganz nach deren Wünschen entschlüsseln lassen, während Sie mit Ihrem himbeerroten Mund zustimmend lächeln und Ihr gut

frisiertes Haupt harmlos zur Seite neigend auf und ab bewegen.

Notenzeugnisse ersparen Ihnen die Schreibarbeit, führen aber häufiger zu unschönen Auseinandersetzungen mit den Schülern, besonders in den Abiturjahrgängen, wo es darum geht, später einmal das marode Familienunternehmen zu übernehmen, weshalb die beiden Fünfen in Mathematik und Wirtschaftslehre den Herrn Vater nicht erfreuen werden.

Besonders der kontaktfreudige Schülertyp (→ S wie Schüler) strapaziert Ihr Nervenkostüm und bringt Sie um Ihr Freizeitvergnügen, da er in der Regel auch nach Schulschluss die Diskussion fortzusetzen und Sie von einer karrierekompatiblen Note zu überzeugen versucht. Hier gibt es nur eine Lösung: Entschwinden Sie dem Schulgelände in einem möglichst passenden Schuhwerk auf schnellstem Weg und ziehen Sie sich in Ihre weit außerhalb des Schuleinzugsgebiets befindliche Wohnung zurück. Sollten Sie Ihre Wohnungswahl (→ W) nicht so vorausschauend geplant haben, empfehlen wir Ihnen ernsthaft, über einen Zweitwohnsitz oder einen Liebhaber in einer anderen Stadt oder die Kombination aus beidem nachzudenken.

Noch hartnäckiger als die Schüler selbst erweisen sich zumeist die Eltern, wenn es darum geht, die Karriere ihres Lieblings zu retten. Angebotene Pauschalurlaubsreisen, Präsentkörbe aus dem hiesigen Feinkostgeschäft und Opernkarten für die Verdi-Aufführung in der Mailänder Scala sind jedoch unter Ihrer Würde – insbesondere, wenn das Jahreseinkommen Ihres mit Sorgfalt ausgewählten Göttergatten mindestens 500 000 Euro beträgt (→ P wie Partnerwahl) und Sie für solch kleine Freuden spätestens seit Ihrem Quizshowgewinn (→ Q wie Quizshow) nicht mehr auf die Unterstützung der Elternschaft angewiesen sind.

Die Autorinnen

Daniela Elsner ist seit 2010 Professorin für Didaktik der englischen Sprache und Sprachlehrforschung an der Goethe-Universität Frankfurt am Main und hat davor als Lehrerin an einer Grund- und Hauptschule gearbeitet. In ihrer Freizeit kauft sie gerne Schuhe, wenn sie nicht gerade Gedichte, Geschichten oder die Abc-Bücher schreibt oder sich um ihren Mann und ihre Kinder kümmert.

Anja Wildemann ist seit 2010 Professorin für Grundschulbildung mit dem Schwerpunkt Sprache an der Universität Koblenz-Landau und hat davor als Lehrerin an einer Förderschule (Hören und Kommunikation) gearbeitet. Ihre Freizeitinteressen sind Kochen, Reisen und Handtaschen.

Der Zeichner

Manuel Tiranno hat in Frankfurt und Florenz Kunstpädagogik studiert und 2006 seinen Abschluss als Comiczeichner an der Scuola Internazionale di Comics in Rom gemacht. Er lebt und arbeitet in Frankfurt. Von 2007 bios 2012 zeichnete er im Rhein-Main-Teil der FAZ „Sagenhaft Unnerwegs: Frankfurter Sagen als Comics erzählt“.